Claudia von Gélieu

Rosa Luxemburg in Berlin

Ein biografischer Stadtführer

Dietz Berlin

Inhaltsverzeichnis

LINKE SEITE *Rosa Luxemburg (vorn) und Luise Kautsky im Grünen, Sommer 1909.*

OBEN *Rosa Luxemburg mit ihren Anwälten Paul Levi (links) und Kurt Rosenfeld vor dem Berliner Kriminalgericht in Moabit, 1914.*

Einführung

»Aber stell Dir vor, die Zeichnungen von Thöny sind gar keine Karikaturen, sondern einfach Fotografien nach der Natur – davon läuft hier eine Million auf der Straße herum.« (Brief an Leo Jogiches, 17.5.1898)

An ihrem ersten Tag in Berlin, dem 16. Mai 1898, schrieb Rosa Luxemburg nach Zürich an Leo Jogiches, ihren Geliebten und politischen Mitstreiter: »Heute um 6 ½ Uhr morgens bin ich angekommen [...] Ich bin einfach unmenschlich erschöpft und hasse Berlin und die Deutschen schon so, dass ich sie umbringen könnte.«

Was ihr an Berlin nicht gefiel und was sie hier vermisste, konkretisierte sie zwei Wochen später am 30. Mai 1898 in einem Brief an andere Züricher Freunde, Mathilde und Robert Seidel: »Berlin macht auf mich im Allgemeinen den widrigsten Eindruck: kalt, geschmacklos, massiv – die richtige Kaserne; und die lieben Preußen mit ihrer Arroganz, als hätte jeder den Stock verschluckt, mit dem man ihn einst geprügelt! [...] Auf Schritt und Tritt fehlt mir jetzt die wohltuende Gemütlichkeit und die Kultur der Schweiz. Und auch die Reinlichkeit! Na, ich weiß nicht, woher das Märchen von den reinlichen deutschen Hausfrauen stammt, ich habe hier noch keine einzige gesehen.«

LINKE SEITE *»Ein harmloser Abend«, Karikatur von Eduard Thöny in der berühmten Satirezeitschrift* Simplicissimus, *1903.*

OBEN *Vorn rechts das Haus, in dem Rosa Luxemburg am 5. März 1871 in Zamość geboren wurde; Postkarte von 1915.*

Dennoch lebte Rosa Luxemburg – von kurzen Perioden in Dresden und Warschau sowie einigen unfreiwilligen Gefängnisaufenthalten abgesehen – bis zu ihrer Ermordung im Januar 1919 mehr als zwei Jahrzehnte in Berlin.

Polnische Herkunft

Rosa Luxemburg stammte aus dem russisch besetzen Teil Polens. In Zamość wurde sie als jüngstes von fünf Kindern am 5. März 1871 geboren. In der Hoffnung auf bessere Existenzbedingungen zog die Familie Luxenburg zwei Jahre darauf nach Warschau. Erst durch Rosa änderte sich die Schreibweise des Familiennamens in Luxemburg.

Rosas Großvater, Abraham Luxenburg, war ein erfolgreicher Kaufmann mit guten Geschäftsbeziehungen nach Berlin. Seinen ältesten Sohn Eduard, den Vater von Rosa Luxemburg, hatte er zur

Ausbildung dorthin geschickt. Er selbst floh Mitte der 1860er-Jahre vor einem Strafbefehl des Zaren ebenfalls nach Berlin. Er lebte in der Linienstraße und wurde nach seinem Tod 1872 auf dem Jüdischen Friedhof an der Schönhauser Allee beigesetzt. Seine Schulden aus ruinösen Geschäften mit der russischen Regierung belasteten Eduard Luxenburg, der wie sein Vater Handel betrieb, ein Leben lang.

Die Mutter, Lina Luxenburg geborene Löwenstein, die aus einer renommierten Rabbinerfamilie mit Verzweigungen in ganz Europa stammte, beeinflusste die kulturellen Interessen ihrer Tochter. Schiller und die Bibel waren für Lina Luxenburg »der höchsten Weisheit Quell« – in dieser Reihenfolge. (Brief an Sophie Liebknecht, 23.5.1917)

Eduard und Lina Luxenburg waren an der Aufklärung orientierte Juden. Beigesetzt sind sie auf dem Jüdischen Friedhof in Warschau. Bibelzitate auf dem Grabstein sind in hebräischer Schrift, ihre Namen in Polnisch. Rosa Luxemburg wurde wie die meisten Sozialisten Atheistin.

LINKE SEITE *Jüdischer Friedhof an der Schönhauser Allee, Berlin-Prenzlauer Berg; der Grabstein von Rosa Luxemburgs Großvater Abraham Luxenburg ist nicht mehr auffindbar.*

LINKS *Rosa Luxemburg als Kind im Alter von fünf Jahren, 1877.*

Antisemitische Diskriminierung und Pogrome erlebte sie von Kindheit an; als sie zehn Jahre alt war, fand in Warschau ein Pogrom statt. Aber ein zentrales Thema war für sie die Auseinandersetzung mit Antisemitismus nicht. »Was willst Du mit den speziellen Judenschmerzen?«, schrieb sie am 16. Februar 1917 an Mathilde Wurm, eine politische Mitstreiterin und Freundin, die wie Rosa Luxemburg jüdischer Herkunft war. Ihr seien »die Opfer auf den Gummiplantagen in Putamayo« und die Menschen in Afrika, »mit deren Körper die Europäer Fangball spielen, ebenso nahe«.

Im Alter von fünf Jahren war Rosa Luxemburg aufgrund einer falschen ärztlichen Diagnose für ein Jahr in ein Gipsbett gesteckt worden. Danach war das eine Bein kürzer als das andere und Luxemburg hinkte zeitlebens. Sie litt deshalb unter Minderwertigkeitskomplexen und versuchte, diese körperliche Beeinträchtigung zu verstecken. Ihre politischen Gegner benutzten sie zu Verunglimpfungen.

In Warschau besuchte Rosa Luxemburg ein Mädchengymnasium, das für die Töchter russischer Beamten eingerichtet worden war und das, wenn Plätze frei waren, auch polnische und jüdische Schülerinnen aufnahm. Anders als in Deutschland, wo Mädchen zu dieser Zeit noch von höherer staatlicher Schulbildung ausgeschlossen waren, legte der russische Adel großen Wert auf die Bildung von Frauen. Die Unterrichtssprache war Russisch. Außerdem lernte Rosa Luxemburg Französisch. Zu Hause wurde Deutsch und Polnisch gesprochen.

Lehrjahre in Zürich

Leo Jogiches, politischer Mitstreiter und langjähriger Lebensgefährte von Rosa Luxemburg.

Nachdem sie als beste Schülerin ihr Abitur abgelegt hatte, ging Rosa Luxemburg 1889 nach Zürich und immatrikulierte sich in Zoologie. Die dortige Universität war die einzige in ganz Europa, an der Frauen zum regulären Studium zugelassen waren. Auch politisch war das Jahrzehnt in Zürich für sie Lehrzeit.

Außer den deutschen politischen Exilanten lebten in Zürich sehr viele, die aus Russland und den russisch besetzten Gebieten geflohen waren. Zu ihnen gehörte Leo Jogiches, Abkömmling aus einer Wilnaer Bankiersfamilie, in den Rosa Luxemburg sich verliebte. Der vier Jahre Ältere hatte in seiner Heimat konspirativ gegen den Zarismus agiert und setzte diesen Kampf nach seiner Flucht 1890 von der Schweiz aus fort. Durch Jogiches wurde Rosa Luxemburg zur politischen Aktivistin und er wurde ihr politischer Mentor. Er war ein guter Organisator, konnte aber nicht strukturiert schreiben und war anfangs nur des Russischen und des Jiddischen mächtig. Beides, Reden und Schreiben, übernahm fortan Rosa Luxemburg.

1893 gründeten die beiden zusammen mit einigen jungen Exilanten die Sozialdemokratie des Königreichs Polens (SDKP). Die politischen Ideen und Vorstellungen, die Leo Jogiches entwickelte, prägten Rosa Luxemburgs politisches Denken und Grundverständnis. Die Befreiung Polens durch die Bildung eines eigenen Nationalstaats hielt die SDKP für reaktionär. Statt einer nationalen Befreiungsbewe-

Rosa Luxemburg (vorn mit weißer Bluse, lesend) als Delegierte auf dem Internationalen Sozialistenkongress in Paris 1900.

gung wollte sie eine proletarische Massenbewegung mit internationaler Orientierung aufbauen. Nur im Rahmen eines internationalen Sozialismus war für sie die Überwindung jeglicher gesellschaftlichen Unterdrückung möglich.

Um ihre Ansichten zu verbreiten, gab die SDKP die *Sprawa Robotnicza* [Sache der Arbeiter] heraus, die illegal in Russisch-Polen verteilt wurde. Ab 1894 war Luxemburg deren leitende Redakteurin. Nicht selten verfasste sie allein alle Artikel und Meldungen und organisierte auch den Druck. Diese Aufgabe führte sie immer wieder für längere Zeit nach Paris, wo die Zeitung verlegt wurde.

Bei dem im August 1893 in Zürich stattfindenden Kongress der Sozialistischen Internationale (SI) kämpfte Rosa Luxemburg vergeblich darum, als Delegierte der SDKP zugelassen zu werden. Aber der couragierte Auftritt der 22-Jährigen hinterließ großen Eindruck. In der gesamten internationalen sozialistischen Bewegung bekannt geworden, konnte sie fortan ihre Artikel auch in der sozialistischen Presse anderer Länder veröffentlichen. Bei der nächsten Zusammenkunft der SI 1896 in London durfte sie die SDKP vertreten, von 1900 bis 1914 war sie Mitglied im »Büro«, dem höchsten Organ zwischen den Tagungen, was ihr die persönliche Bekanntschaft mit allen sozialistischen Führern Europas einbrachte.

Die Politisierung Rosa Luxemburgs wirkte sich auf ihr Studium aus. Von den naturwissenschaftlichen Fächern wechselte sie zu Philosophie und Nationalökonomie. Für ihre Doktorarbeit wählte sie ein für ihre politische Tätigkeit relevantes Thema: »Die industrielle Entwicklung Polens«. Damit schloss sie 1897 ihr Studium erfolgreich ab.

Entscheidung für Deutschland

»Ein Hans ohne Land, wie ich bin, muss auch mit dem deutschen Vaterland vorliebnehmen«, schrieb Rosa-Luxemburg im August 1898 an den russischen Sozialdemokraten Boris Kritschewski. Eine Rückkehr nach Warschau kam für sie wegen der Verfolgung jeglicher politischen Betätigung nicht infrage. Aber ihre Familie hoffte, dass sie einen näher gelegenen Wohnort als Zürich wählen würde, damit sie sie besuchen könnte, und schlug unter anderem Berlin vor.

In Deutschland konnte sie weiterhin für die »polnische Sache« streiten, da Preußen zu den drei Mächten gehörte, die Polen unter sich aufgeteilt hatten. Statt wie bisher in einem kleinen verschwörerischen Politzirkel zu arbeiten, bot Deutschland Rosa Luxemburg zudem die Perspektive, öffentlich als Rednerin auf Versammlungen aufzutreten, in die Debatten einer Massenpartei einzugreifen und deren Entwicklung zu beeinflussen. Mit rund 100 000 Mitgliedern war die deutsche Sozialdemokratie die stärkste Partei der Sozialistischen Internationale und bestimmte deren Entscheidungen maßgeblich. »Ich habe gewaltige Lust, mich in den Strom des Kampfes zu stürzen«, schrieb sie am 20. Mai 1898 an Leo Jogiches, vier Tage nach ihrer Ankunft in Berlin.

Hochzeitsbild von Rosa Luxemburg und Gustav Lübeck, 1898. Durch die Scheinehe wurde Luxemburg preußische Staatsbürgerin.

Die mehr als 70 Presseorgane der deutschen Sozialdemokratie mit einer Auflage von fast einer halben Million Exemplare ließen Luxemburg, die sich ihren Lebensunterhalt nun selbst verdienen musste und wollte, nicht nur auf gute Erwerbsmöglichkeiten als freie Journalistin, sondern sogar auf eine Stelle als fest angestellte Redakteurin hoffen. Ihre Familie, die sie während ihrer Studienzeit finanziell unterstützt hatte, erwartete, dass sie jetzt auf eigenen Füßen stehen würde. Und von Leo Jogiches, der aufgrund seiner Herkunft aus einer reichen Bankiersfamilie über ausreichend Mittel verfügte, wollte sie nicht vollständig ökonomisch abhängig sein. Ihre peniblen Abrechnungen, wofür sie sein Geld verwendete, sind eine interessante Quelle für ihre Lebensumstände und Gepflogenheiten.

Damit ihr Aufenthalt und ihr Wirken in Deutschland keinen Beschränkungen unterlagen, hatte Rosa Luxemburg im April 1898 Gustav Lübeck geheiratet, den Sohn ihrer ehemaligen Züricher Vermieter. Mit dieser Scheinehe erlangte sie die preußische Staatsbürgerschaft, die sie auch nach der Scheidung 1903 behielt. Die Behörden konnten sie nicht wie andere ihnen missliebige Politiker als Ausländerin des Landes verweisen oder ihr die Arbeitserlaubnis entziehen.

Dass Autoren unter einem anderen Namen publizieren und auftreten durften, nutzte Rosa Luxemburg, um im politischen Bereich den Namen, unter dem sie bekannt war, beizubehalten. Im privaten Bereich, gegenüber Vermietern und auf Reisen, trat sie als Frau Dr. Lübeck auf, um politischer Diskriminierung zu entgehen. Auch die Polizei, die sie selbst und ihre Korrespondenz beobachtete und überwachte, konnte sie mit ihren beiden Namen zumindest gelegentlich hinters Licht führen.

Pro Berlin

Nachdem Leo Jogiches im Mai 1899 die Züricher Bürgerschaft erhalten hatte und damit seiner legalen Übersiedlung nach Deutschland nichts mehr im Wege stand, hatte Rosa Luxemburg verschiedene deutsche Städte als gemeinsamen Wohnort vorgeschlagen: München, Hamburg, Leipzig, Heidelberg, Frankfurt am Main ... Wegen ihres inzwischen großen Berliner Bekanntenkreises befürchtete sie, ein offenes Zusammenleben als unverheiratetes Paar könnte sie öffentlich bloßstellen. Sie träumte von einer von niemandem gestörten Zweisamkeit mit dem Geliebten. Trotz aller Bedenken blieb es bei Berlin wegen der besseren politischen Wirkungs- und Verdienstmöglichkeiten.

In der Reichshauptstadt befand sich der Sitz des SPD-Parteivorstands. Hier erschien mit dem *Vorwärts* die zentrale Tageszeitung der SPD, hier saß mit Karl Kautsky der Herausgeber der wichtigsten theoretischen Zeitschrift der Partei, und hier konnten Kontakte zu den sozialdemokratischen Abgeordneten des Reichstags geknüpft werden, die in der Partei eine zentrale Rolle spielten.

Nach 1900 lebte Rosa Luxemburgs Bruder Mikolaj mit seiner Familie einige Jahre in Berlin in der Ansbacher Straße 27. Tochter Annie blieb auch danach in Berlin, ließ sich als Musikerin ausbilden und trat bei Konzerten auf. Mit ihrer Tante Rosa traf sie sich regelmäßig. Hier die Aufnahme eines Familientreffens in Berlin, Ostern 1902: vorn: Anna Luxemburg (Schwester), Maxymilian Luxemburg (Bruder), Rosa Luxemburg, Lilly Luxemburg (Ehefrau von Mikolaj), hinten: Jenny Luxemburg, Annie Luxemburg (Töchter von Lilly und Mikolaj), Mikolaj Luxemburg (Bruder).

Die starke Fixierung der deutschen Sozialdemokratie auf die parlamentarische Arbeit war eine Folge der Sozialistenverfolgung von 1878 bis 1890. Nur die Abgeordneten waren durch ihre Immunität davon verschont geblieben und nur in den Parlamenten hatte die SPD während dieser Zeit legal wirken können.

Berlin war mit der Gründung des deutschen Kaiserreichs 1871 nicht nur dessen Hauptstadt geworden. Mit dem sogenannten Gründerboom hatte sich die Stadt zu einem industriellen Zentrum entwickelt. Die Einwohnerzahl hatte sich bis zu Rosa Luxemburgs Ankunft 1898 auf fast zwei Millionen verdoppelt. Viele waren auf Arbeitssuche nach Berlin gekommen und zählten zum Proletariat und damit zu den potenziellen Wählern und Mitgliedern der SPD.

Bei den Reichstagswahlen 1898 errang die SPD von den neun Reichstagsmandaten des Großraums Berlin, das heißt inklusive der damaligen Vororte Spandau, Charlottenburg, Neukölln, Lichtenberg etc., mit fünf mehr als die Hälfte, während das Ergebnis in ganz Deutschland bei 27,2 Prozent lag. 1912, bei den letzten Reichstagswahlen vor Kriegsbeginn, erhielt die SPD in Berlin mit acht Sitzen fast alle Mandate für die Hauptstadt und wurde mit 34,8 Prozent stärkste Fraktion.

Unter den mehr als 30 000 Menschen polnischer Herkunft, die in der Stadt lebten, zu agitieren hielt Rosa Luxemburg nicht für relevant. Sie ging davon aus, dass diese sich sehr bald vollständig assimilieren würden. Aber von Berlin waren es nur wenige Stunden Zugreise nach Breslau, Posen und nach Oberschlesien, wo Luxemburg regelmäßig auf Versammlungen sprach und ihr Heimweh nach Polen zumindest etwas stillen konnte.

Die Berlinerin Rosa Luxemburg, die sich für die »polnische Sache« in der deutschen Sozialdemokratie und in der Sozialistischen Internationale engagierte und zu deren führenden Köpfen sie gehörte, zählte zu den wenigen, die sowohl ost- als auch westeuropäische Arbeiterbewegungen gut kannten. Egal auf wie viel wechselseitiges Unverständnis und Desinteresse sie stieß, sie setzte unermüdlich ihre Versuche fort, zu vermitteln und die unterschiedlichen Erfahrungen für alle nutzbar zu machen.

In dem ihr eigentlich verhassten Großstadtmoloch Berlin entdeckte sie jenseits der proletarischen Massenquartiere mit ihren Mietskasernen und dunklen Hinterhöfen die grünen bürgerlichen Vororte zum Wohnen und Leben. Auch die kulturellen Angebote der Metropole mit ihren zahlreichen Theatern, Konzerten, Ausstellungen und Bibliotheken lernte sie zu schätzen. Obwohl sie sich immer wieder über die viele Zeit beschwerte, die die weiten Entfernungen sie kosteten, und sie sich mit der deutschen und preußischen Art nie anfreunden konnte, richtete sie sich in der Stadt doch ein. ■

Rosa Luxemburg, 1895.

1 Die erste Wohnadresse in Berlin

Ort: Wohnhaus, Cuxhavener Str. 2, Berlin-Mitte (Neubebauung) | U HANSAPLATZ |

Nach ihrer Ankunft in Berlin am 16. Mai 1898 kaufte sich Rosa Luxemburg einen Stadtplan, für drei Mark eine Monatskarte für das gesamte S-Bahn-Netz und begab sich auf die Suche nach einer Unterkunft. Als Alleinstehende ohne feste Einkünfte konnte sie sich nur ein Zimmer zur Untermiete leisten. Das Angebot an Pensionszimmern war groß, weil viele Frauen ihren Lebensunterhalt durch Vermietung von Zimmern verdienten, aber es gab auch eine große Nachfrage.

Denn viele Offiziere, Beamte und Angestellte wohnten wegen ihrer bescheidenen Einkünfte zur Untermiete. Das Gleiche galt für Studenten der Berliner Universität und der Technischen Hochschule. Weil Untermieterinnen zu sparen suchten, indem sie selbst kochten, ihre Wäsche wuschen und das Zimmer saubermachten, bevorzugten die Vermieterinnen Männer, mit deren Versorgung sie mehr verdienten.

Am 20. Mai 1898 konnte Rosa Luxemburg ihrem Lebensgefährten Leo Jogiches nach Zürich melden, dass sie nach 75 Besichtigungen endlich Erfolg gehabt hatte: »Ich habe ein Zimmer in der Cuxhavener Str. Nr. 2, Gartenhaus I, direkt am Tiergarten genommen, im aristokratischen Teil, wie Du siehst. [...] Das Zimmer entspricht so ziemlich allen Ansprüchen: 1. Stock, elegant möbliert, mit einem Piano, sonnig, mit einem kleinen Balkon, grün bewachsen, mit Schreibtisch, Schaukelstuhl, einem Spiegel über die ganze Länge der Wand, der Balkon und das Fenster gehen in den Garten, und ringsum sieht man nur Grünes, die Frau ist sympathisch und redlich, aber ... aber ich habe fast Angst, es zu schreiben – 33 Mark!« Zu den 33 Mark Monatsmiete kamen 60 Pfennig täglich für das Mittagessen. Zum Vergleich: 20 Mark betrug das Honorar, dass Rosa Luxemburg für einen größeren Artikel in einer sozialdemokratischen Zeitung bekam.

Hansaplatz, Postkarte von 1915: Die gutbürgerliche Wohngegend, in der Rosa Luxemburgs erste Unterkunft in Berlin lag, wurde im Zweiten Weltkrieg völlig zerstört.

Bei der Wahl ihrer Unterkunft dürfte die Nähe zum Tiergarten eine Rolle gespielt haben, der am südlichen Ende der Cuxhavener Straße lag. Sie liebte Tiere und Pflanzen |▶ S. 65| und ging jeden Tag im größten innerstädtischen Park Berlins spazieren. Angeregt von den kleinen Kindern, die sie dort spielen sah, schrieb sie Jogiches immer wieder von ihrem eigenen Kinderwunsch.

AUDIO 1: »… und gehe für eine Stunde in den Tiergarten«

Ende Dezember 1898 berichtete Luxemburg Leo Jogiches, dass die Polizei sie seit Wochen »auf Schritt und Tritt« verfolge. Solche Polizeiüberwachungen der SPD waren im Kaiserreich üblich.

Rosa Luxemburg wohnte in der Cuxhavener Straße 2, bis ihre Zimmerwirtin sie am 10. Mai 1899 in einem Wutanfall vor die Tür setzte. Für einige Wochen mietete sie bei Frau Hundvieser ein möbliertes Zimmer in der Lützowstraße 51.

Sowohl die Grundstücke Cuxhavener Straße 2 als auch die Lützowstraße 51 sind neu bebaut. Ein Altbau in der Cuxhavener Straße 14 zeigt, wie die Häuser zu Rosa Luxemburgs Zeiten dort aussahen. ■

2 Antrittsbesuch im Parteibüro der SPD

Ort: Zentrales Parteibüro der SPD, Katzbachstr. 9, 1. Stock, Berlin-Kreuzberg (Gedenktafel)
| U S YORCKSTRASSE |

Zehn Tage nach ihrer Ankunft in Berlin machte Rosa Luxemburg ihren Antrittsbesuch im Parteibüro der deutschen Sozialdemokratie. Die Zentrale der SPD war bis 1900 in der Wohnung des Parteisekretärs Ignaz Auer untergebracht. Ein Parteiapparat entwickelte sich erst in den nächsten Jahren. Nach Reichstagswahlkreisen organisiert, spielten die sozialdemokratischen Reichstagsabgeordneten eine zentrale Rolle in der Partei. Auch Ignaz Auer gehörte dem Reichstag an.

Durch Auftritte bei den Kongressen der Sozialistischen Internationale und durch Artikel in der SPD-Presse war Luxemburg in der deutschen Sozialdemokratie keine Unbekannte. Ignaz Auer gegenüber erklärte sie unbescheiden: »Ich möchte Ihnen bei der Arbeit helfen, zu diesem Zweck habe ich die Staatsbürgerschaft erworben und bin gekommen, um mich aktiv zu beteiligen. Ich habe natürlich in dieser Hinsicht meinen eigenen Aktionsplan, möchte jedoch nicht auf eigene Faust beginnen, ohne mich mit der deutschen Parteileitung zu verständigen.« (Brief an Leo Jogiches, 25.5.1898)

Gegen den Rat ihres politischen Mentors Leo Jogiches bot sie der SPD ihre Unterstützung im Wahlkampf für die im Juni 1898 stattfinden Reichstagswahlen an. Durch das Studium der Parteizeitung *Vorwärts* |► **S. 52f.**| sei sie ausreichend inhaltlich vorbereitet, und »die Diskussion mit den Burschis fürchte ich auch nicht«, hatte sie Jogiches schon am 22. Mai 1898 geschrieben. Mit dem Argument, sie könne die deutschen Verhältnisse besser als er beurteilen, begann sie sich von ihm zu emanzipieren. Und ihre Erfolge gaben ihr recht.

Auer schickte Rosa Luxemburg nach Posen und Oberschlesien, um unter der polnisch sprechenden Bevölkerung für die SPD zu wer-

OBEN *Ignaz Auer, Parteisekretär und Reichstagsabgeordneter der SPD; Postkarte, undatiert.*

RECHTS *Gedenktafel für das zentrale SPD-Parteibüro, das sich bis 1900 in einem Wohnhaus in der Katzbachstraße 9 befand.*

ben. Als Mitbegründerin der Sozialdemokratie des Königreichs Polen |▸ **S. 12ff.**| verfügte Luxemburg über hervorragende Kontakte zu polnischen Aktivisten. Den Stimmenzuwachs, den die SPD in Preußisch-Polen bei den Reichstagswahlen erzielen konnte, erklärte sie zu ihrem Verdienst.

Im September 1898 wurde ihr die Chefredaktion der *Sächsischen Arbeiterzeitung* übertragen. Nach dem *Vorwärts* und der *Leipziger Volkszeitung* war sie mit einer Auflage von fast 100 000 Exemplaren die drittwichtigste Tageszeitung der SPD. Dass erstmals eine Frau für eine solche Leitungsposition ausgewählt wurde, kritisierten führende Sozialdemokraten als »Unterrockpolitik«, und die ausschließlich männlichen Redakteure opponierten gegen ihre neue Chefin. Rosa Luxemburg war diese alltäglichen Querelen bald leid, warf nach zwei Monaten das Handtuch und kehrte nach Berlin zurück.

Katzbachstraße 9: Im 1. Stock machte Rosa Luxemburg im Mai 1898 ihren Antrittsbesuch in der SPD-Geschäftsstelle beim Parteisekretär Ignaz Auer und bot ihre Mitarbeit an.

Als sie in Oberschlesien zur Delegierten für den SPD-Parteitag im Oktober 1898 gewählt wurde, trat sie dort gegen Eduard Bernsteins These auf, in Deutschland sei keine sozialistische Revolution nötig. Zu diesem Thema hatte sie bereits im August 1898 eine Artikelserie in der *Leipziger Volkszeitung*, dem Blatt der Parteilinken, veröffentlicht. 1899 erschienen die gesammelten Artikel Luxemburgs zu diesem Thema unter dem Titel »Sozialreform oder Revolution?« als Broschüre. Aus ganz Deutschland erhielt sie daraufhin Einladungen, auf Versammlungen der SPD zu sprechen.

AUDIO 2: »Sozialreform oder Revolution?«

Eine Gedenktafel erinnert in der Katzbachstraße 9 an die ehemalige Parteizentrale der SPD, die sich einst im 1. Stock des Hauses befand. ■

In der Anonymität der Großstadt

Angeregt durch eine Lokalnotiz, dass ein 38-jähriger Mann in der Schönhauser Allee 54 in Berlin seine beiden Töchter getötet und anschließend sich selbst erhängt hatte, nachdem er durch zunehmende Blindheit arbeitsunfähig geworden war, schrieb Rosa Luxemburg einen Artikel, der am 4. Mai 1899 in der Leipziger Volkszeitung *erschien:*

»In dem Augenblicke, als er mit dem Todes- und Mordgedanken rang, drang zu ihm durch das offene Fenster ein gemischter Chor menschlicher Lebensstimmen. Unten im Hof klopfte der Bursche des Herrn Leutnants den Teppich und schäkerte dabei mit der rotwangigen Magd des Hauswirtes. […] Eine Drehorgel begann die Trinkarie aus der ›Traviata‹ […] Von der Straße drang in das Zimmer das Rasseln der vorüberfahrenden Pferdebahn. Das Großstadtleben keuchte und polterte ringsherum. In der gleichen Stadt, auf derselben Straße, in demselben Hause, Wand an Wand, nur einen Schritt entfernt, wimmelten die Menschen, ging eifrig jeder seinen Tagesgeschäften nach, lief jeder seine Lebensfährte, und keine Seele kümmerte sich um dies mit dem Verbrechen, mit dem Tode ringenden Menschenleben, niemand warf einen Blick auf das Elend, auf den Untergang dreier lebender Wesen. Nur eine dünne Wand, nur einige Schritte trennten den Unglücklichen von seinen Mitmenschen, und doch lag zwischen ihm und ihnen ein unüberbrückbarer Abgrund. Es waren dieselben Menschen, sie sprachen dieselbe Sprache, waren vom gleichen Lande, und doch, wären sie vom anderen Weltteil, von anderer Rasse, wären sie vom Monde, er konnte ihnen nicht fremder, nicht gleichgültiger, unbekannter sein.«

Zeichnung von Rosa Luxemburg, undatiert; mit der S-Bahn bewegte sie sich in Berlin.

3 »Brillanter Volksredner«

Orte: Vortragssaal Bismarckshöhe, Wilmersdorfer Str. 39, Berlin-Charlottenburg (Neubau) | U BISMARCKSTRASSE | / ehem. Brauerei, Fidicinstr. 3, Berlin-Kreuzberg | U PLATZ DER LUFTBRÜCKE | / Gedenktafel für das Volkshaus Charlottenburg, Loschmidtstr. 6–8, Berlin-Charlottenburg | U RICHARD-WAGNER-PLATZ |

Kaum in Berlin angekommen, wurde Rosa Luxemburg in den Wahlkampf der SPD integriert. Zunächst tourte sie durch Posen und Oberschlesien, später trat sie dann in den großen Sälen der Reichshauptstadt auf: unter anderem in der Brauerei in der Fidicinstraße, im Volkshaus Charlottenburg, in Bartsch's Festsälen in Neukölln |▸ **S. 80f.**|, im Germaniasaal in der Chausseestraße, in Hoffmanns Volksgarten im Westend, in den Arminhallen in der Kommandantenstraße und in der Neuen Welt in der Hasenheide |▸ **S. 76f.**|. Ihren ersten Berliner Auftritt hatte sie am 9. Februar 1899 im Lokal Bismarckshöhe in Charlottenburg.

AUDIO 3: »Weltpolitik und die Arbeiterklasse«

Fünf Tage vorher hatte Luxemburg an Leo Jogiches geschrieben, sie sei als Vertretung von Wilhelm Liebknecht, dem Mitbegründer und einem der Führer der deutschen Sozialdemokratie, erstmals als Rednerin in Berlin zu einer SPD-Versammlung eingeladen: »Am Donnerstag halte ich in Charlottenburg, im größten Saal, ein Referat [...]. Thema: ›Der jetzige Kurs und die Sozialdemokratie‹. Du kannst Dir denken, dass es mein altes Referat aus der Wahlzeit [Juni 1898] ist, aber ich muss es ein wenig auffrischen (wie eine vermögenslose alte Jungfer ihre alte Balltoilette für jeden Ball). [...] Ich bin absolut frisch und fürchte mich kein Jota vor dem Auftreten. Ich habe es so eingerichtet, dass ich die neue Jacke schon am Donnerstag haben werde, die außergewöhnlich vornehm sein wird. Ich werde ein schwarzes Kleid tragen.«

LINKS *Germaninasäle in der Chausseestraße 110, wo Rosa Luxemburg am 1. Mai 1914 schon morgens früh um sechs Uhr vor 600 Café-Angestellten sprach.*

RECHTS *Ehemalige Brauerei in der Kreuzberger Fidicinstraße; in einem Saal fand 1913 eine Vortragsreihe mit Rosa Luxemburg zu »Imperialismus und Militarismus« statt.*

Rosa Luxemburg bereitete sich intensiv auf ihre Reden vor. Aber sie las nicht ab, sondern sprach eine, manchmal auch zwei Stunden frei. Ohne Mikrofon in Sälen und im Freien vor manchmal mehreren Tausend Zuhörerinnen und Zuhörern war dies auch eine stimmliche Leistung. Während sie redete, ging sie auf und ab. Um die Aufmerksamkeit des Publikums zu gewinnen, begann sie in der Regel mit einem emotionalen Einstieg. Sie agitierte nicht, sondern vermittelte Wissen, das zu eigenständigem Handeln befähigen sollte.

Obwohl Frauen nach dem preußischen Vereinsrecht bis 1908 die Mitgliedschaft in politischen Organisationen und die Teilnahme an deren Zusammenkünften untersagt war, gab es viele namhafte sozialdemokratischen Rednerinnen um 1900. In Wahlkampfzeiten wurde das Verbot ausgesetzt, weil die politisch entmündigten Frauen als »Helferinnen« willkommen waren.

1890 hatte Emma Ihrer, eine der Führerinnen der sozialistischen Frauenbewegung, beim preußischen Innenminister die Zulassung von Frauen zu Versammlungen erreicht, die nicht von Parteien einberufen waren. Veranstaltungen, an denen Frauen teilnehmen können sollten, deklarierte die SPD deshalb als Volksversammlungen.

Rosa Luxemburg bei einer Kundgebung in Stuttgart, 1907.

Nach ihrem Bericht an Leo Jogiches vom 11. Februar war Rosa Luxemburgs erster Auftritt in Berlin ein großer Erfolg gewesen: »Ich war absolut nicht aufgelegt zum Reden, sodass ich das schlimmste Ergebnis erwartete. Als ich jedoch die Tribüne betrat, regte mich der Anblick der Menschenmassen so an (der Saal war ganz voll, und er fasst etwa eineinhalbtausend Menschen), dass ich eineinhalb Stunden hervorragend sprach. Meine ›Scherze‹ lösten laute Heiterkeit aus, und als ich auf das Dresdener Urteil kam (Zuchthaus) [neun Bauarbeiter hatten sich geweigert, Überstunden zu machen], sprach ich mit solcher Ergriffenheit, dass der ganze Saal vor Ergriffenheit kochte und einige Frauen weinten. Es waren viele Russen und einige Polen da. [...] Schoenl[ank, Chefredakteur der *Leipziger Volkszeitung*], [...] behauptet, dass ich ein brillanter Volksredner bin. Meine Stimme dringt bis zu den letzten Plätzen, obwohl ich ohne jede Anstrengung sprach. Sch[oenlank] bewundert besonders, wie deutlich und ausdrucksvoll ich spreche, kein einziges Wort geht verloren.«

Die Bismarckshöhe in der Charlottenburger Bismarckstraße existiert wie viele andere Auftrittsorte Rosa Luxemburgs nicht mehr. Sie gehörte zu den privaten Sälen, die die SPD für ihre öffentlichen Versammlungen in Berlin mietete. Ansonsten fanden dort Bälle, Feste, Vergnügungs- und Kulturveranstaltungen statt. ■

4 Mit Clara Zetkin im »Parteiwirrwarr«

Ort: Clara-Zetkin-Gedenkstätte, Summter Str. 4, Birkenwerder | S BIRKENWERDER |

Rosa Luxemburg und Clara Zetkin, die sich bereits auf internationalen sozialistischen Kongressen begegnet waren, verband ab 1898 ihr gemeinsames Wirken in der deutschen Sozialdemokratie und die Angriffe auf sie als Frauen. »Große Heiterkeit« vermerkte etwa das Protokoll, als der SPD-Parteisekretär Ignaz Auer ihre Auftritte beim SPD-Parteitag im Herbst 1898 mit den Worten kommentierte: »Wohin soll es führen, wenn wir solche Reden hören von Vertreterinnen des Geschlechts, das angeblich das unterdrückte ist. Was soll da erst einmal werden, wenn das frei und gleichberechtigt ist!«

Clara Zetkin stand als Redakteurin der SPD-Frauenzeitschrift *Die Gleichheit* seit 1892 an der Spitze der sozialistischen Frauenbewegung. Auch Luxemburg publizierte gelegentlich dort. Sie zeigte reges Interesse an den »Tatsachen aus der Weiberwelt«, die sie durch Zetkin erfuhr. »Großen Genuss und Freude« bereitete ihr deren Broschüre »Zur Frage des Frauenwahlrechts«.

Nr. 10 — 20. Jahrgang

Die Gleichheit

Zeitschrift für die Interessen der Arbeiterinnen

Mit den Beilagen: Für unsere Mütter und Hausfrauen und Für unsere Kinder

Stuttgart 14. Februar 1916

Während ihres Aufenthalts in Berlin im April 1899 übernachtete die in Stuttgart lebende Clara Zetkin erstmals bei Luxemburg. Seitdem stieg sie regelmäßig bei ihr ab, wenn sie ihre Mitgliedschaft im Kontrollgremium des SPD-Parteivorstands, Besprechungen der sozialistischen Frauenorganisationen und Redeauftritte nach Berlin führten. Luxemburg, die sie zu ihren Terminen und Treffen begleitete, weil die am Grauen Star erkrankte Zetkin nur sehr schlecht sehen und bei Dunkelheit gar nicht allein gehen konnte, geriet dadurch mitten in den »Parteiwirrwar«.

Rosa Luxemburg, die ansonsten Parteikontakte nach Möglichkeit mied, schrieb nach einem Besuch Zetkins am 27. April 1899 an Jogiches: »Jede Annäherung an die Parteibande hinterlässt in mir ein derartiges Unbehagen, dass ich mir jedes Mal danach vornehme: drei Seemeilen weit vom tiefsten Stand der Ebbe! […] Nach jedem Zusammensein mit ihnen wittere ich so viel Schmutz, sehe so viel Charakterschwäche, Erbärmlichkeit etc., dass ich zurückeile in mein Mauseloch.«

Doch die Begegnungen und Kontakte, die ihr die gut vernetzte Clara Zetkin verschaffte, waren für die Newcomerin Rosa Luxemburg äußerst wertvoll. Sie brachten ihr Einladungen als Rednerin ein und Aufträge für Artikel. Auch wenn Zetkin ihr zu viel »klatschte«, lernte Luxemburg aus den Gesprächen mit ihr viel über Parteistrukturen und -beziehungen. Und auf Zetkin konnte Rosa Luxemburg bei all ihren innerparteilichen Auseinandersetzungen bis zum Schluss zählen.

Nach der Ermordung Rosa Luxemburgs gehörte Clara Zetkin zu denen, die sich um ihren Nachlass und ihr Werk kümmerten. 1929

LINKE SEITE *Clara Zetkin und Rosa Luxemburg unterwegs; undatiertes Foto (links). Skulptur von Zetkin und Luxemburg im Garten der Clara-Zetkin-Gedenkstätte (rechts).*

RECHTS *Clara-Zetkin-Gedenkstätte in Birkenwerder, die in ihrem ehemaligen Wohnhaus untergebracht ist.*

zog sie von Stuttgart in das nördlich von Berlin gelegene Birkenwerder, um dem Reichstag näher zu sein, dem sie seit 1920 als Abgeordnete der KPD angehörte. Mit der Auflage, dort eine Gedenkstätte für seine Mutter einzurichten, vermachte Clara Zetkins ältester Sohn Maxim in den 1950er-Jahren der SED das Haus der 1933 in Moskau Verstorbenen. ■

- *Heute wird die Clara-Zetkin-Gedenkstätte von einem Verein betrieben, der in einem Teil der ehemaligen Wohnung Möbel und andere private Gegenstände von Clara Zetkin zeigt. Eine Ausstellung informiert über Leben und Wirken der Politikerin.*
- *Geöffnet: Mo u. Fr 11.00–16.00 Uhr, Di u. Do 11.00–18.00 Uhr, Kontakt: (0 33 03) 40 27 09. Der Förderverein Clara-Zetkin-Gedenkstätte organisiert auch Veranstaltungen zu Clara Zetkin, Zeitgenossinnen und anderen Frauenthemen.*
- *Kontakt: M. Dörnenburg, Telefon (0 33 03) 50 29 20, doernenburg-roder@gmx.de*

5 Abendgesellschaft bei Bebel

Ort: Wohnhaus, Habsburger Str. 5, Berlin-Schöneberg
| U NOLLENDORFPLATZ |

»Abends war ich bei Bebel. Ich hatte ein schwarzes Kleid an mit einer neuen Korsage (ich habe sie nach der alten nachgearbeitet, und sie sieht prächtig aus), das Haar hatte mir die Frisöse frisiert, sodass es ansehnlich aussah. [...] Bebel fing sofort beim Abendbrot (über den Tisch hinweg) laut mit mir zu schimpfen an, warum ich nichts in der Bewegung der Weiber mache! Als ich sagte, dass ich in dieser Sache nichts kann und nichts verstehe, tat er sehr erstaunt (ich weiß nicht, ob im Scherz oder im Ernst).« (Brief an Leo Jogiches, 12.11.1899)

Die Einladung zu einer Abendgesellschaft bei August Bebel zeigt, dass Luxemburg ganz oben in der deutschen Sozialdemokratie angekommen war. Bebel, der die SPD mitaufgebaut hatte, bis zu seinem Tod 1913 einer ihrer beiden Vorsitzenden war und außerdem als Abgeordneter dem Reichstag angehörte, galt als höchste Autorität der SPD. Wie viel er von Rosa Luxemburg hielt, belegt ein Brief an den Führer der österreichischen Sozialdemokratie, Viktor Adler, vom 29. September 1898. Bebel schrieb: »Sie ist ein sehr gescheites Frauenzimmer und wird ihren Mann stellen.« (Zit. n. Laschitza: Im Lebensrausch, S. 98)

Bebel galt als ein Förderer der Gleichberechtigung der Frauen. Sein 1879 erschienenes Buch »Die Frau und der Sozialismus« war die wichtigste Grundlage der sozialdemokratischen Frauenarbeit. Und es war maßgeblich ihm zu verdanken, dass die Forderungen nach Gleichberechtigung und Frauenwahlrecht ins Parteiprogramm aufgenommen worden waren.

Das änderte allerdings nichts daran, dass die männliche Parteimehrheit die Frauenfrage als nebensächlich ansah und Frauen im Parteialltag frauenfeindlichen Diskriminierungen ausgesetzt waren. Auch Rosa Luxemburg hatte dies als Chefredakteurin der *Sächsischen Arbeiterzeitung* |▸ S. 23| bereits erleben müssen. Aber sie ließ sich nicht in die Frauenbewegung abschieben.

Auch wenn Bebel die Positionen von Luxemburg manchmal zu radikal waren, sie ihm zu viel Unruhe in der Partei hervorrief, sie ihn zu sehr zum Handeln drängte, schätzte er sie als Gegengewicht zum rechten Flügel der Partei. Deshalb holte er sie 1905 in die Redaktion des *Vorwärts* und machte sie zur Chefin der zentralen Parteizeitung. Aber als Rosa Luxemburg propagierte, mit Massenstreiks |▸ **S. 52**| eine demokratische Republik durchzusetzen, sah Bebel die Legalität der SPD gefährdet und entzog ihr seine Unterstützung.

Rosa Luxemburg im Gespräch mit dem SPD-Parteivorsitzenden August Bebel beim VI. Internationalen Sozialistenkongress in Amsterdam, August 1904.

Luxemburg schrieb daraufhin an Clara Zetkin im Dezember 1906: »August [Bebel] und erst recht all die anderen haben sich für den Parlamentarismus und im Parlamentarismus gänzlich ausgegeben. [...] Unsere Aufgabe ist jetzt, einfach dem Einrosten dieser Autoritäten mit möglichst schroffem Protest entgegenzuwirken [...] Solange es die Defensive gegen Bernstein und Co. galt, ließen sich August und Co. unsere Gesellschaft und Hilfe gern gefallen – sintemalen sie selbst zuallererst in die Hosen gemacht haben.«

Der aus einfachen Verhältnissen stammende August Bebel hatte sich mit einem Handwerksbetrieb hochgearbeitet und lebte mit seiner Frau Julie in Schöneberg in einer gutbürgerlichen Gegend. Die Spitzen der Arbeiterbewegung orientierten sich auch in ihren Lebensgewohnheiten am Bürgertum. Dazu gehörte die Abendgesellschaft, an der Rosa Luxemburg teilnahm und für die sich in Schale geworfen hatte. ■

6 »Lass den guten Rat dir geben – zieh nach Friedenau«

Ort: Wohnhaus, Hauffstraße, heute: Wilhelm-Hauff-Str. 4, Berlin-Friedenau | S FRIEDENAU |

»Heute bin ich den ganzen Tag nach einer Wohnung gerannt und habe schon eine gefunden: Friedenau, Hauffstr. 4 I. Morgen ziehe ich dort ein. [...] In Berlin selbst ist eine unerträgliche Luft, und am Tiergarten gibt es kein einziges Zimmer. Halensee habe ich abgerannt – nichts, in Friedenau habe ich nach zwei Stunden Herumlaufens nur dieses einzige Zimmer zu vermieten gefunden. Das Zimmer ist prächtig, zwei Fenster, elegant, hell, heiter, mit künstlerischem Geschmack, erster Stock, direkter Eingang von der Treppe und Mittagessen im Hause. Die Luft in Friedenau ist sehr gut, vor den Fenstern Bäume, Wälder und Felder nahe gelegen, Ruhe, ein ausgesprochenes Villenquartier.« (Brief an Leo Jogiches, 16.8.1899)

Im Sommer 1899 zog Rosa Luxemburg nach Friedenau, wo sie bis 1911 unter drei verschiedenen Adressen wohnte. Friedenau war nach 1871 als eine Vorortgemeinde der boomenden neuen Reichshauptstadt von einer Baugesellschaft entwickelt worden. Der Name geht auf Auguste Hähnel, die Ehefrau eines führenden Mitglieds des Bauvereins, zurück. Nach den drei preußischen Kriegen, die zur Bildung des Kaiserreichs führten, sollte ein Friedenszeichen gesetzt werden.

Ob das die Kriegsgegnerin Rosa Luxemburg wusste? Hinweise hierfür gibt es ebenso wenig wie dafür, dass ihr der Slogan, mit dem die Baugesellschaft für Friedenau warb, bekannt war. Er brachte das zum Ausdruck, wonach die Naturliebhaberin in der Großstadt suchte: »Feldalleen und Blütenduft / vor der Weltstadt Tor / schöne Häuser, frische Luft, / alles findest du hier vor. / Willst du behaglich leben, / billig, gut, sei schlau, / lass den guten Rat dir geben – / zieh nach Friedenau.«

Zunächst waren Landhäuser und Villen in Friedenau errichtet worden. Zum Zeitpunkt des Umzugs von Rosa Luxemburg waren

LINKS *Rosa Luxemburg unterwegs in Friedenau, wo sie von 1899 bis 1911 wohnte – typisch für den bürgerlichen Vorort sind die Vorgärten mit Eisengitterzäunen.*

RECHTS *Die erste Adresse von Rosa Luxemburg in Friedenau, ein Zimmer im 1. Stock des Hauses Wilhelm-Hauff-Straße 4.*

schon zahlreiche Mehrfamilienhäuser dazugekommen, in denen auch sie Quartier fand. Durch ihren gehobenen Standard und die heute immer noch erhaltenen Vorgärten unterschieden sie sich allerdings grundlegend von den Mietskasernen der Arbeiterviertel. Intellektuelle wie Luxemburg, Kulturschaffende, Beamte, Angestellte und Geschäftstreibende lebten hier.

Seit 1874 besaß der Vorort einen eigenen Bahnanschluss. Der Bahnhof Friedenau lag von allen drei Adressen Rosa Luxemburgs weniger als fünf Gehminuten entfernt. Mit der Wannseebahn war der Potsdamer Platz mit Ringbahn-, Straßenbahn- und Busanschluss ebenso innerhalb von einer Viertelstunde zu erreichen wie Berliner Seen und Wälder. Beides wichtige Kriterien für die Wohnungswahl von Rosa Luxemburg.

In der Hauffstraße wohnte Rosa Luxemburg wie bisher zur Untermiete. Warum sie nach nur zwei Monaten um die Ecke in der Wielandstraße ein anderes Zimmer bezog, ist nicht überliefert. ■

7 Pension für 80 Mark

Ort: Wohnhaus, Wielandstr. 23, Berlin-Friedenau, 2. Stock, rechts (Gedenktafel) | S FRIEDENAU |

»Heute habe ich endlich eine Wohnung in der Wielandstr. 23 gemietet«, schrieb Rosa Luxemburg am 24. Oktober 1899 an Leo Jogiches, »Salon mit Plüschmöbeln und einem großen Balkon, im II. Stock, ein Prachteingang, ich habe es gleich mit ›Pension‹ für 80 M[ark] genommen. Das ist ungeheuer billig.« |▸ **S. 20**|

Luxemburgs Vermieter war die Familie Neufeld. Das Einkommen des Hausherrn, der als Einkäufer unterwegs war, reichte anscheinend nicht aus, um sich eine Wohnung im bürgerlichen Friedenau leisten zu können. Er sah sich gezwungen, das beste von drei Zimmern unterzuvermieten. Das junge Paar mit drei Töchtern musste sich mit zwei Zimmern und einer Kammer bescheiden und die »Frau des Hauses«, Klara Neufeld, um den Pensionsgast kümmern.

»Dass ich mit Pension genommen habe, freut mich sehr. Dadurch bin ich gezwungen, um 7 ½ (um 8 Uhr gibt es Kaffee!) aufzustehen, danach bin ich den ganzen Tag ordentlich angezogen, denn ich muss mit anderen bei Tisch essen […] Außer mir wohnt und isst niemand bei ihnen; das Essen ist sehr schmackhaft (viermal täglich).« (Brief an Leo Jogiches, 1.1.1898)

In der Kammer der Wohnung kam Jogiches, der Lebensgefährte von Rosa Luxemburg, bei seinen gelegentlichen Besuchen aus Zürich unter und auch in den ersten Monaten, nachdem er im August 1900 endgültig nach Berlin übergesiedelt war. Er galt dann als »Cousin«.

Das Verhältnis von Rosa Luxemburg zu ihren Vermietern war sehr gut. Sie feierte mit der Familie Weihnachten und blieb auch, als sie nach zwei Jahren Ende 1901 in ihre erste eigene Wohnung umzog |▸ **S. 44ff.**|, in Kontakt mit ihnen. Sie besuchten sich gegenseitig und Luxemburg machte den Kindern weiter Geschenke. Im Sommer

OBEN *Balkon von Rosa Luxemburgs Pensionszimmer im 2. Stock, rechts, in der Wielandstraße 23 in Berlin-Friedenau.*

LINKS *Am Haus befindet sich eine Gedenktafel für »die bedeutende Vordenkerin und Vertreterin der europäischen Arbeiterbewegung«.*

1905 nahm sie während der Urlaubsreise der Familie Neufeld deren »Hündchen« bei sich auf.

Mit Klara Neufeld ging sie in Konzerte und ins Theater |▸ **S. 74f.**|. Die Vermieterin sympathisierte mit der Sozialdemokratie und interessierte sich auch für die politische Arbeit von Luxemburg, die in einem Brief vom 27. Februar 1902 an Jogiches schrieb: »Die gute Neufeld war natürlich auf der Versammlung, sie brachte mir Blumen, später brachte sie mich nach Hause, und wir saßen noch bis 12 Uhr, tranken Tee und Wein.«

2013 enthüllte die sozialdemokratische Bezirksbürgermeisterin Angelika Schöttler in der Wielandstraße 23 eine Gedenktafel für die berühmte Bewohnerin des Hauses. ■

8 Familie Kautsky

Orte: Wohnhaus, Wielandstr. 26, Berlin-Friedenau, 2. Stock, Wohnung mit Eck-Erker / Luise & Karl Kautsky-Haus, Saarstr. 14, Berlin- Friedenau

| BEIDE: S FRIEDENAU |

Nur wenige Schritte entfernt von Rosa Luxemburgs ersten Quartieren in Friedenau wohnten die Kautskys in der Wielandstraße 26. Zur Familie gehörten das Ehepaar Karl und Luise, ihre drei Söhne und die Mutter von Karl, die Schriftstellerin Minna Kautsky. Karl Kautsky galt als einer der theoretischen Köpfe der SPD und die von ihm herausgegebene Zeitschrift *Neue Zeit* bot Rosa Luxemburg eine wichtige Plattform, um ihre theoretischen Auffassungen zu verbreiten.

In den Briefen an ihren Lebensgefährten Jogiches beschrieb sie Karl Kautsky als Langweiler, der hinter dem Ofen hocke und schlafe, und Luise Kautsky mit ihrer »Schürze« als biederes Hausmütterchen. Bald klagte sie, sie könne nicht mehr auf die Straße gehen, ohne einem der Familienmitglieder in die Arme zu laufen. Durch deren permanente Einladungen zum Spaziergang, zum Kaffee oder zu einer Abendgesellschaft komme sie kaum noch zum Arbeiten.

Je mehr aber die Erfüllung ihres Wunsches nach einem eigenen Familienleben in die Ferne rückte, umso mehr akzeptierte Luxemburg die Kautskys als Ersatzfamilie. Mit den Kindern spielte und tobte sie gern. Bei Luise Kautsky entdeckte sie gemeinsame kulturelle Interessen. Und sowohl mit ihr als auch mit Karl Kautsky fuhr sie schließlich sogar zusammen in den Urlaub. Durch den Familienanschluss lernte Rosa Luxemburg auch Hans Kautsky kennen, den älteren Bruder von Karl. Der Theatermaler nahm sie und Luise Kautsky mit zu Aufführungen und in Ausstellungen und fuhr sie in seinem Auto durch Berlin spazieren. Als sich zwischen Luise und ihrem Schwager, der so ganz anders war als der Ehemann, ein Liebesverhältnis entwickelte, gab Karl Kautsky Rosa Luxemburg die Schuld daran.

LINKS *Wohnung der Familie Kautsky im 2. Stock des Hauses Wielandstraße 26 in Berlin-Friedenau.*

UNTEN *Vor dem Luise & Karl Kautsky-Haus der »Sozialistischen Jugend Deutschlands – Die Falken« in der nahe gelegenen Saarstraße 14.*

Menzel-, Ecke Beckerstraße: Hier traf sich die Friedenauer SPD in einer Kneipe; Postkarte, um 1915.

Zum endgültigen Bruch kam es 1910, als Karl Kautsky sich weigerte, einen Artikel von Luxemburg in der *Neuen Zeit* zu veröffentlichen, in dem sie forderte, Massenstreiks |▸ **S. 52**| zur Etablierung einer Republik auf die politische Tagesordnung der SPD zu setzen. Kautsky befürchtete, damit die Legalität der SPD zu riskieren.

Die sich mehr und mehr von ihrem Ehemann emanzipierende Luise Kautsky, die politische Funktionen in der sozialdemokratischen Frauenbewegung und Bildungsarbeit übernahm und eigenes Geld mit Übersetzungen verdiente, blieb Rosa Luxemburgs engste Freundin. ■

▸ *»Die Falken – Der sozialistische Jugendverband Deutschlands« haben ihre nahe gelegene Bildungs- und Begegnungsstätte in der Saarstraße 14 nach Luise und Karl Kautsky benannt. In einer Ausstellung informieren sie dort über die beiden, ihren Partei- und Freundeskreis, darunter auch Rosa Luxemburg.*

Friedenauer Genossen

»Karl [Kautsky] hatte auf die Bitte der Friedenauer Genossen einen Vortrag über ... ›Marx' ökonomische Lehre‹ – und rate, wo? – in dieser obskuren Kneipe an der Ecke Menzel- und Beckerstr., wo diese beiden entzückenden Hündchen sind, die wie Tiger aussehen, und die, wie es sich herausstellt, ›eine Hochburg‹ der hiesigen Sozialdemokratie ist. Natürlich ging ich mit ihnen [Luise und Karl Kautsky], und wir betraten ein verräuchertes, winziges Zimmerchen, darin saßen dicht gedrängt und höchst konzentriert – fünfundzwanzig Mann. Karolus räusperte sich und begann vorzutragen, was das ist, Wert und Tauschwert – NB [nota bene = wohlgemerkt], so unpopulär, dass ich mich direkt wunderte. So etwa ein Stündchen. Die Ärmsten kämpften krampfhaft gegen das Gähnen und den Schlaf an. Dann begann die Diskussion, ich mischte mich ein, und sofort wurde es sehr lebhaft; die Leute sagten immer wieder, dass ich oft kommen soll, es war sehr gemütlich, und wir unterhielten uns alles in allem sehr gut. Karolus gingen vor Bewunderung die Augen über: Woher Du alle diese Tatsachen weißt (verschiedene Praktiken mit Tarifverträgen etc.), und woher verstehst Du, so mit den Leuten umzugehen usw.« (Brief an Leo Jogiches, 13.10.1905)

Karl Kautsky war ein führender Vertreter des Marxismus, Chefredakteur der wichtigsten sozialdemokratischen Theoriezeitschrift Neue Zeit *und Kriegsgegner; Aufnahme um 1920.*

9 Zwei Freundinnen – ein Leben lang

Ort: Wohnhaus, Windscheidstr. 31, Berlin-Charlottenburg (Stolperstein Luise Kautsky) | S CHARLOTTENBURG |

1923 veröffentlichte Luise Kautsky Briefe von Rosa Luxemburg an die Familie Kautsky, um dem weiter kursierenden Feindbild von der »blutigen Rosa« |▸ S. 105| entgegenzutreten. Im Vorwort schilderte Luise Kautsky, wie sie Luxemburg nach Familien- und Parteizusammenkünften im Hause Kautsky nachts nach Hause begleitete.

»Sie [Rosa Luxemburg] liebte es auch, ihrem revolutionären Drang in der mitternächtlichen Stille durch lautes Singen Luft zu machen, und oft holten wir uns die strengen Verweise der Hermandad [Polizei] Friedenaus, die weder für die Arien aus dem Figaro, noch für Hugo Wolf, noch für die Marseillaise oder die Internationale das nötige künstlerische Verständnis aufbrachte. Besonders ein dicker Wachtmeister namens Maier, von der respektlosen Jugend zu Rosas Entzücken ›das Fettauge des Gesetzes‹ genannt, hatte es uns angetan, und ihm ein Schnippchen zu schlagen, war ihre größte Erdenwonne.« (Zit. n. Luxemburg: Briefe am Karl und Luise Kautsky, S. 17)

An Luise Kautsky liebte Rosa Luxemburg, dass diese sich jederzeit von ihr in »Champagnerstimmung« versetzen ließ und dann alle ihre Verrücktheiten mitmachte. Als die Freundin allerdings wie viele andere Frauen das Fahrrad als Fortbewegungsmittel für sich entdeckte, lehnte Luxemburg dies ab. Sie fand Fahrrad fahrende Frauen unästhetisch. In ihrer Aversion gegen das »abscheuliche Fahrrad« fühlte sie sich bestätigt, als kurz nacheinander die holländische Genossin Henriette Roland-Holst und auch Luise Kautsky mit ihren Rädern verunglückten.

AUDIO 4: »... stürzte auf mich ein Radfahrer«

An der KPD, die sich gerichtlich das Alleinveröffentlichungsrecht gesichert hatte, scheiterte Luise Kautskys Vorhaben, einen zweiten

OBEN *Gemeinsame Postkarte von Luise Kautsky und Rosa Luxemburg an Minna Kautsky, die Mutter von Karl Kautsky; Friedenau, 19. Juni 1905.*

RECHTS *Stolperstein für Luise Kautsky vor dem Haus Windscheidstraße 31 in Berlin-Charlottenburg.*

Band mit Briefen von Rosa Luxemburg herauszugeben. Mit dem stattdessen von ihr 1929 publizierten »Gedenkbuch« – eine Zusammenstellung eigener Erinnerungen und Recherchen – wurde sie die erste Biografin ihrer Freundin.

»Worin der Zauber ihres Wesens bestand? In ihrer Lebendigkeit, in ihrem schnellen Sicheinfühlenkönnen in jede Stimmung des anderen, in ihrer vollendeten Kunst, zuzuhören, in ihrer liebvollen Art, auf des anderen Freud' und Leid einzugehen, in ihrem sprudelnden Witz, in ihrem klaren, verständigen Urteil, in ihrer Heiterkeit.« (Luise Kautsky: Rosa Luxemburg, S. 71)

Luise Kautsky wurde 1944 als Jüdin in Auschwitz ermordet. An ihrer letzten Berliner Wohnadresse in der Windscheidstraße 31 in Charlottenburg erinnert ein Stolperstein an sie. ■

10 »Ein Stückchen ›Daheim‹«

Ort: Wohnhaus, Cranachstr. 58, Berlin-Friedenau, 2. Stock, rechts (Gedenktafel) | S FRIEDENAU |

Ende 1901 bezog Rosa Luxemburg ihre erste eigene Wohnung in der Cranachstraße 58, um dort mit Leo Jogiches zusammenzuleben, der endlich aus Zürich nach Berlin gekommen war. Gegenüber Bekannten und dem Hausbesitzer war er ihr Untermieter. Mit solchen Untermietsverhältnissen wurde der »Kuppeleiparagraf« unterlaufen, nachdem sich strafbar machte, wer außerehelichen Geschlechtsverkehr ermöglichte. Luxemburg beging darüber hinaus auch noch Ehebruch, denn erst 1903 wurde sie von Gustav Lübeck geschieden, den sie 1898 geehelicht hatte, um die preußische Staatsbürgerschaft zu erlangen |► **S. 15f.**|.

Stolz berichtete sie Jogiches am 20. Januar 1902 von der Wohnungseinweihung mit Parteifreunden: »Es war herrlich gedeckt (sogar Sträußchen zu 10 Pf lagen neben jedem Teller und in der Mitte eine Hyazinthe im Topf), das Auftragen ging wie geschmiert. Es gab Brötchen mit Kaviar (für 50 Pf, damit Du nicht erschrickst), Lachs und Ei, dann Borschtsch in Tassen mit Pastetchen, Fisch gesäuert, Lendenbraten mit Gemüse, Kompott, eine Mehlspeise, Käse mit Radieschen und schwarzen Kaffee mit Kognak, zu trinken Limonade und Bier. Sie schimpften mich nach jedem neuen Gang aus, aber sie aßen alles und verlangten am Ende sogar noch einstimmig Champagner, wobei sie dumme Gesichter machten, als ich in die Küche ging und den Champagner brachte.«

Mit der Gründung ihres eigenen Hausstands, berichtete Luise Kautsky, habe Rosa Luxemburg häusliche Tugenden entwickelt, größten Wert auf Ordnung und Sauberkeit gelegt, Sofakissen und Deckchen bestickt und selbst gekocht. Aber sie stellte auch ein Dienstmädchen ein. Von den beiden Zimmern der Wohnung richtete sie eins in grün und eins in rot ein. Ihren Balkon schmückte sie mit

OBEN *Die Wohnung von Rosa Luxemburg in der Cranachstraße 58 befand sich im 2. Stock, rechts.*

RECHTS *Rosa Luxemburg in ihrer Wohnung in der Cranachstraße; undatierte Zeichnung, vermutlich von Gertrud Zlottko, ihrem Dienstmädchen.*

Gedenktafel für Rosa Luxemburg vor dem Haus Cranachstraße 58 in Berlin-Friedenau.

Blumen. Sie fütterte dort Vögel und bei schönem Wetter arbeitete sie auch da.

Eine Erweiterung ihres »Familienkreises« meldete Rosa Luxemburg am 22. Mai 1902 Clara Zetkin. Eva und Franz Mehring hätten ihr ein weißes Kaninchen geschenkt, das sie Mimi getauft habe. Den Brief unterzeichnete sie mit »die glückliche Mutter«. Später hatte sie als Ersatzkind eine Katze gleichen Namens, die sie verletzt in der SPD-Parteischule |▸ **S. 56f.**| gefunden hatte.

Dass Luxemburg nach fast zehn Jahren im Sommer 1911 die Wohnung, die für sie »ein Stückchen ›Daheim‹« geworden war, kündigte, hatte mehrere Gründe. Kinderlärm, Rollschuhlaufen und pfeifende »Lausbuben« störten sie. Von dem Grün direkt vor ihrer Haustür war durch die Neubauten für die wachsende Einwohnerschaft Friedenaus nicht mehr viel übrig geblieben. Und Leo Jogiches, von dem sie sich Jahre zuvor getrennt hatte |▸ **S. 54**|, hatte nie seinen Schlüssel zurückgegeben und belästigte sie immer noch in der Cranachstraße.

1988 wurde auf dem Bürgersteig vor dem Haus eine Gedenktafel für Rosa Luxemburg enthüllt. Ihre Anbringung am Haus hatte der Hausbesitzer mehr als ein Jahrzehnt verhindert. ■

Kaufhaus Wertheim (Bildmitte), um 1900.

Einkauf bei Wertheim

Ein Jahr vor Rosa Luxemburgs Ankunft in Berlin hatte 1897 am Leipziger Platz das Warenhaus Wertheim eröffnet. Rosa Luxemburg ging dort regelmäßig einkaufen. Mit der S-Bahn zum Potsdamer Platz war das Kaufhaus für sie von ihren Wohnungen in Friedenau und Südende aus direkt erreichbar. Sie erwarb bei Wertheim Wäsche, Haushaltswaren, Malutensilien, Geschenke und Bücher. Selbst wissenschaftliche Literatur bestellte sie dort.

Das durch mehrere Erweiterungsbauten bis 1927 zum größten Kaufhaus Europas gewordene Wertheim wurde 1937 wegen der jüdischen Herkunft der Familie »arisiert«. Im Zweiten Weltkrieg zerstört, wurde die Ruine im Grenzgebiet zwischen Ost- und West-Berlin in den 1950er-Jahren abgetragen. Nach der Wiedervereinigung erneut ins Zentrum gerückt, wurde am früheren Ort 2014 eine Shopping-Mall eröffnet.

LINKS *Undatiertes Porträt von Rosa Luxemburg, vermutlich von Gertrud Zlottko, ihrem Dienstmädchen, das ihrer Meinung nach lieber malte als putzte.*

RECHTE SEITE *Schlachtensee, Zeichnung von Rosa Luxemburg; dort sammelte sie, angeregt durch Gertrud Zlottko, ihre ersten Erfahrungen mit dem Malen in der Natur.*

»Mein ›Gesinde‹«

»Meinem ›Gesinde‹ gebe ich ›die Freiheit‹ an diesem Tage«, schrieb Rosa Luxemburg am 20. Dezember 1901 an Leo Jogiches über ihre Pläne für Heiligabend. Mit ihrer ersten eigenen Wohnung hatte sie ein Dienstmädchen angestellt, von dem nur der Vorname Anna bekannt ist.

Dienstmädchen lebten in der Wohnung ihrer Herrschaften, damit sie rund um die Uhr verfügbar waren. Auch Anna und ihre Nachfolgerinnen wohnten mit in der Cranachstraße. Wo sie in der Zwei-Zimmer-Wohnung untergebracht waren, ist nicht überliefert — auf einem Klappbett in der Küche oder auf dem berüchtigten Hängeboden? Als »Herrin« unterschied sich die Kämpferin für die Unterdrückten wenig von anderen bürgerlichen Herrschaften.

»Ich habe unsere Anna vorbildlich dressiert«, berichtete Luxemburg Jogiches am 16. Februar 1902. Sie halte die Zimmer so sauber, »dass in den Sonnenstrahlen nicht einmal die gewohnten Stäubchen tanzen«. Warum Anna zum 1. April 1902 kündigte, verstand Rosa Luxemburg nicht: »Sie hat wie im Paradies gelebt und ist dick geworden wie eine Tonne«, schrieb sie am 15. März 1902 an ihren Freund. Anna blieb dann doch bis September 1905.

Das neue Dienstmädchen kam offenbar direkt vom Land. Luxemburg klagte, sie habe Kaska tagelang im Aufräumen, Saubermachen, Tischdecken, Bettenmachen, Kaffeekochen etc. unterweisen müssen. Sie »heult mir vor, dass sie Herzklopfen hat, keine Treppen steigen kann, nichts heben kann, und bestimmt werde ich es kaum einen Monat mit ihr aushalten«, ist die letzte Erwähnung Kaskas in einem Brief Luxemburgs vom 10. Oktober 1905.

Im Herbst 1906 hatte Rosa Luxemburg eine Hausgehilfin namens Helene, im Frühjahr 1907 folgte Gertrud Zlottko. Nach Rosa Luxemburg war sie »dumm«, aber auch eifrige Leserin der sozialdemokratischen Frauenzeitung Die Gleichheit. *Sie lärme, plappere viel und statt zu putzen male sie lieber – was Luxemburg inspirierte, selbst zum Pinsel zu greifen.*

AUDIO 5: »Meine klägliche Malerei braucht kein Hund«

Ida Raduin, das nächste Dienstmädchen, wurde von der Katze Mimi sehr geliebt. Auch Rosa Luxemburg beschwerte sich nur einmal über sie, als sie ein Geschenk von Kostja Zetkin zerschlug.

Nach Ida Raduin wechselten 1912 dreimal die Dienstmädchen. Ab 1913 half Gertrud Zlottko aus, bis Rosa Luxemburg während des Kriegs die meiste Zeit inhaftiert war.

11 Ferien in Hessenwinkel

Ort: Hessenwinkel, Berlin-Rahnsdorf | S ERKNER |

Aus ihrem fünfwöchigen Urlaub in Hessenwinkel, damals ein Vorort von Berlin, schrieb Rosa Luxemburg Ende Juli 1904 an ihre Freundin Luise Kautsky:

»Übrigens, im Ernst ist es hier wundervoll: Wald – stundenlang, Seen – wo man hinspuckt (Pardon, es war nicht so gemeint) – und idyllische Ruhe. Die Vorzüge dieser Umgebung sind mir auch schon allmählich in die Seele gedrungen. Im Anfang nämlich war ich noch so geistig abgespannt, dass zwischen meinen Sinnen und dem blühenden ›Objekt‹ immer wie ein unsichtbares Papier vom Himmel bis zur Erde herabhing und ich die Schönheiten, die mir vor dem Auge und dem Ohr schwebten, nicht empfand, sondern mit dem Gleichmut des Baedekers notierte.

Ich mache jeden Tag stundenlange Streifzüge (stehe auf um – 6! Karl [Kautsky], fallen Sie nicht vom Stuhl) und genieße dabei die treue Gesellschaft eines à la Löwe geschorenen Vierfüßlers, genannt ›Lump‹ (les beaux esprits se recontrent [schöne Seelen finden sich]), der mich jeden Morgen mit Freudengebell begrüßt, wenn ›wir‹ spazieren gehen. Alle konstatieren und bewundern dabei, dass seine Intelligenz seit dem geistigen Verkehr mit mir zusehends wächst, und dabei bediene ich mich nicht einmal als Erziehungsmittel der Leitartikel des *Vorwärts* wie bei meinem seligen Mimi [ihr Kaninchen]. Denken Sie sich mich überhaupt hier in einem Art Paradies vor der Vertreibung Adams with family: Ich begegne auf Schritt und Tritt allerlei Tieren, die ich sonst nur im Zoo durch ein Gitter sah: Von Hasen geschwiegen, laufen mir täglich Rehe [...], Eichhörnchen und dergleichen in den Weg! Ich erwarte nächstens noch einen Leoparden, Nashörner und Auerochsen.«

1903 hatte Luxemburg schon einmal einige Tage im Luftkurort Hessenwinkel und im benachbarten Wilhelmshagen verbracht. Die

Hessenwinkel: In dem Villenort am Dämeritzsee am Rande Berlins erholte sich Rosa Luxemburg 1903 und 1904 mehrere Wochen; Postkarte von 1910.

Villenkolonie, idyllisch gelegen am Dämeritzsee und der Müggelspree, ist immer noch ein beliebter Ausflugsort.

Bis Rosa Luxemburg als Dozentin an der SPD-Parteischule ab 1907 |► **S. 56f.**| über ein gesichertes Einkommen verfügte, konnte sie sich nur gelegentlich und keine weiten Urlaubreisen leisten. Einmal hat sie ihren Vater und öfters ihre kränkliche Schwester Anna zur Kur begleitet. Nur Fahrtkosten entstanden, wenn sie ihre Ferien bei Clara Zetkin in Sillenbuch am Rande von Stuttgart verbrachte. 1901 hatte sie im Sommer einige Wochen auf Sylt geweilt – damals noch keine Nobelferieninsel. Am Gardasee erholte sie sich 1906 von ihrer Haft während der ersten russischen Revolution |► **S. 52**| in der Nachsaison mit Luise Kautsky. Ab 1907 unternahm sie Reisen nach Italien, Korsika und regelmäßig in die Berge und an die Seen in der Schweiz. ■

12 Chefredakteurin beim *Vorwärts*

Ort: Lindenstr. 69, Berlin-Kreuzberg (Neubebauung)
| U HALLESCHES TOR |

»Zum Vorwärts *drängt meine Feder ungestüm.«*
(Brief an Leo Jogiches 28.10.1905)

Im Oktober 1905 bot der Parteivorsitzende August Bebel Rosa Luxemburg an, sie könne »regelmäßig wöchentlich etwa zwei Leitartikel« für den *Vorwärts* schreiben. Damit sollte ein linkes Gegengewicht gegen die Dominanz der Parteirechten in der Tageszeitung des SPD-Parteivorstands und der Berliner SPD geschaffen werden. Rosa Luxemburg vereinbarte mit dem Parteivorstand, dass sie die Themen der Leitartikel selbst bestimmen und die Redaktion sie weder bearbeiten noch ablehnen dürfe. Daraufhin kündigten sechs Redakteure des *Vorwärts,* darunter der Chefredakteur Kurt Eisner, weil sie darin einen Eingriff in ihre Rechte sahen. Die Leitung der neuen Redaktion wurde Luxemburg übertragen. Die Auseinandersetzungen waren damit nicht beendet. Auch die Stellungnahmen von Luxemburgs Gegnern wurden weiter im *Vorwärts* abgedruckt. Statt auf Parteidekrete setzte Luxemburg auf die Entwicklung gemeinsamer Positionen in offener Diskussion.

Außer für die Leitartikel war Luxemburg beim *Vorwärts* für die Rubrik »Aus der Partei« zuständig und für die aktuelle Berichterstattung über die seit Jahresbeginn tobende russische Revolution. Am 28. Dezember 1905 reiste sie unter anderem Namen als Korrespondentin des *Vorwärts* nach Russisch-Polen in der Hoffnung, dass die Revolution bald über den Zarismus siegen würde. Am 4. März 1906 wurde sie verhaftet. Auf Kaution freigelassen, floh sie und brachte bei ihrer Rückkehr nach Berlin die Idee des revolutionären Massenstreiks als zentrales Kampfmittel für gesellschaftliche Veränderungen mit.

AUDIO 6: »Massenstreiks sind vielfältig und nicht planbar«

OBEN *Cover der Broschüre von Rosa Luxemburg zum revolutionären Massenstreik, 1906.*

LINKS *Das Vorwärts-Gebäude in der Lindenstraße 69, 1902: Sitz der Tageszeitung des SPD-Parteivorstands.*

Da in der Redaktion des *Vorwärts* bald wieder die alten politischen Verhältnisse hergestellt wurden, konnte Luxemburg in den folgenden Jahren ihre politischen Positionen dort nur selten veröffentlichen. Weil die Berliner SPD-Mitglieder ihre Informationen vor allem aus dem *Vorwärts* bezogen, ging sie davon aus, diese seien auch politisch auf dessen Linie. Dass dies eine Fehleinschätzung war, zeigte sich im Ersten Weltkrieg, als die Berliner SPD mehrheitlich gegen die sozialdemokratische Kriegsunterstützung opponierte und sich der USPD anschloss.

Der *Vorwärts* befand sich bis 1914 in der Lindenstraße 69 in der südlichen Friedrichstadt, heute Kreuzberg. Im Zweiten Weltkrieg wurde das Gebäude zerstört. Heute steht dort ein Neubau. ■

13 Geheime Liebe – Kostja Zetkin

Ort: Wohnhaus, Peschkestr. 14, Berlin-Friedenau
|Ⓢ FEUERBACHSTRASSE|

Nach Rosa Luxemburgs Verhaftung in Warschau |▸ **S. 52**| im März 1906 zog Kostja Zetkin in ihre Wohnung in der Cranachstraße 58 |▸ **S. 44ff.**| ein. Clara Zetkin hatte den jüngeren ihrer beiden Söhne zum Studium nach Berlin geschickt und einen Teil der Miete übernommen, damit Luxemburg ihre Wohnung auch während ihrer Haftzeit behalten konnte. Als diese auf Kaution freigelassen im September 1906 nach Berlin zurückkehrte, blieb Kostja Zetkin als ihr Untermieter.

Bald entwickelte sich zwischen dem 21-Jährigen und der 14 Jahre älteren Rosa Luxemburg ein Liebesverhältnis, das die beiden selbst vor Kostjas Familie geheim hielten. Wenn er bei seiner Mutter in Stuttgart die Ferien verbrachte, schrieb Luxemburg ihm ihre Liebesbriefe postlagernd. Und wenn Clara Zetkin während seiner Abwesenheit wegen Parteiangelegenheiten sich bei Luxemburg in Berlin aufhielt, vermied sie Gespräche über ihn.

Und zu Recht fürchtete Rosa Luxemburg die Reaktion ihres bisherigen Lebensgefährten. Nachdem Jogiches einen Liebesbrief von Kostja Zetkin abgefangen hatte, drohte er, den Nebenbuhler, Rosa Luxemburg und sich selbst zu erschießen. Luxemburg übernachtete deshalb bei den Kautskys. Sie bat Kostja, in Stuttgart zu bleiben, und eilte voller Sehnsucht täglich zum Postamt Friedenau, um dort seine Briefe in Empfang zu nehmen. Als Kostja Zetkin doch wieder zu Besuch nach Berlin kam, blieb er der Cranachstraße fern und mietete sich ein Zimmer in der nahe gelegenen Peschkestraße 14.

Die langjährige Beziehung zwischen Rosa Luxemburg und Leo Jogiches war daran zerbrochen, dass immer die politische Arbeit im Vordergrund gestanden hatte. »Ich bin eigentlich ein gewöhnlicher Kater, der es mag, gestreichelt zu werden und andere zu streicheln.« (Brief an Leo Jogiches, 17.5.1898)

LINKS *Rosa Luxemburg mit ihrem Untermieter und Geliebten Kostja Zetkin auf dem Balkon in der Cranachstraße 58, 1907/08.*

UNTEN *Unterkunft von Kostja Zetkin in der Peschkestraße 14 in Berlin-Friedenau; bedroht vom Exfreund Rosa Luxemburgs konnte er nicht bei ihr wohnen.*

Rosa Luxemburgs Hoffnung, ein Leben »so wie alle Menschen« zu führen, versuchte sie nun mit Kostja Zetkin zu verwirklichen. »Geliebter, lach mich nicht aus, aber ich habe für Dich zum Winter eine Masse Zwetschgen und Johannisbeeren eingekocht, weil ich sah, dass Du sie gerne isst«, schrieb sie ihm am 7. Oktober 1907 nach Sillenbuch, wo er sich bei seiner Mutter aufhielt.

Aber Rosa Luxemburg wollte den noch ganz jungen Mann auf keinen Fall gegen seinen Willen an sich binden. »Wenn Du mich nicht mehr liebst, so sag es mir offen mit drei Worten«, forderte sie Kostja Zetkin in einen Brief am 13. August 1909 auf. Seine Antwort ist nicht überliefert. Luxemburg schrieb ihm ohne Kosenamen und Küsse ein paar Tage später, dass sie nun »Strenge, Klarheit und Keuschheit« in ihr Leben bringen werde und »mit Lust und Liebe an der Arbeit« sei. Allerdings lebte ihre Liebe noch einige Male wieder auf, wie Briefe aus den folgenden Jahren zeigen. ■

14 »Professoralwürde« und »Froschmäusekrieg«

Ort: Parteischule im Lindenhaus alias Vorwärts-Gebäude, Lindenstr. 3 (heute Franz-Klühs-Straße / Mehringplatz), Berlin-Kreuzberg (Neubebauung) | U HALLESCHES TOR |

Von 1906 bis nach Kriegsbeginn 1914 wurden an der Parteischule der SPD jeweils vom 1. Oktober bis zum 31. März des Folgejahres 30 junge SPD-Mitglieder auf zukünftige Führungsaufgaben vorbereitet. Laut Luise Kautsky war Rosa Luxemburg »unzweifelhaft das geistige Haupt der Schule«. Weil dem Österreicher Rudolf Hilferding als unerwünschtem Ausländer die Arbeitserlaubnis entzogen worden war, nahm Luxemburg, die die preußische Staatsbürgerschaft |▸ **S. 15f.**| besaß, 1907 seinen Platz als Dozentin ein. Sie unterrichtete Nationalökonomie, das Fach, in dem sie 1897 promoviert worden war.

Luxemburg hatte nicht die »Professoralwürde« gelockt, sondern die 20 Mark, die sie pro Doppelstunde erhielt. Für ihre sechs Vorlesungen von Montag bis Samstag bekam sie für das halbe Unterrichtsjahr rund 3000 Mark. Das entsprach dem Jahresgehalt einer Lehrerin an höheren Schulen und bedeutete eine finanzielle Absicherung nach dem Ende ihrer Beziehung zu Leo Jogiches, auf dessen finanzielle Unterstützung sie bisher immer wieder hatte zurückgreifen müssen.

Rosa Luxemburgs Verhältnis zur Parteischule blieb ambivalent. Am Ende des Schuljahrs war sie jedes Mal so erschöpft, dass sie einen längeren Erholungsurlaub brauchte. Sie fühlte sich an die Schule »gekettet«, die ihr zu wenig Zeit für anderes Wirken lasse. Allerdings konnte sie ihre Unterrichtsvorbereitungen und ihre Lehrtätigkeit für die Ausarbeitung neuer ökonomischer Schriften nutzen, wie »Die Akkumulation des Kapitals«, die sie 1913 im Vorwärts-Verlag veröffentlichte. Und das Unterrichten zukünftiger SPD-Führungskräfte eröffnete ihr die Chance, deren Entwicklung zu beeinflussen.

Rosa Luxemburg als einzige Dozentin mit einigen männlichen Kollegen des Lehrkörpers der SPD-Parteischule, 1910/11.

Ihr Unterricht begeisterte die Schüler. Bald machten ihr die Debatten mit ihren Schülern so viel Spaß, dass sie manche zum Weiterdiskutieren zu sich einlud. Clara Hacker-Törber, Parteischülerin 1910/11, erinnerte sich Jahrzehnte später: »Mit großer Spannung erwartete ich den Unterricht bei Rosa Luxemburg. Viel hatte ich schon über ihre Vorträge gehört. Nun fand ich alles bestätigt. Rosa Luxemburg besaß große pädagogische Fähigkeiten. Mit außerordentlichem Geschick und großer Überzeugungskraft konnte sie die komplizierten Probleme der politischen Ökonomie, die Karl Marx in seinem Werk ›Das Kapital‹ darlegt, analysieren und verständlich machen. Dabei bediente sie sich zur Beweisführung der neusten ökonomischen und historischen Forschungen.« (Karl und Rosa, S. 110)

Rosa Luxemburg war die einzige Frau im Lehrkörper. Meistens gab es auch nur eine Schülerin, selten zwei in einem Kurs. Sie waren als Leiterinnen für die Frauenarbeit vorgesehen, nicht für allgemeine Führungsaufgaben. Rosa Luxemburg ermutigte junge Genossinnen zum Besuch der Parteischule und setzte sich für deren Aufnahme ein.

Da die Büros und Tagungsräume der Gremien des zentralen Parteivorstands und der Groß-Berliner SPD im selben Gebäude

Kursus der SPD-Parteischule 1907/08: in den Bänken die Schüler und die einzige Schülerin, stehend der Lehrkörper mit Rosa Luxemburg.

wie die Parteischule untergebracht waren, liefen deren Mitglieder Rosa Luxemburg häufig über den Weg. Dadurch bekam sie immer die neusten Informationen und konnte viele Absprachen nebenbei tätigen, doch die unvermeidlichen Begegnungen mit den »Parteikanaillen« erfreuten sie wenig.

Eineinhalb Jahrzehnte hielt sich Rosa Luxemburg vom Berliner Parteileben fern. Sie ging weder zu Zahlabenden noch zu den Funktionärswahlen oder Nominierungen. Die unendlichen Parteisitzungen in verräucherten Kneipen und Hinterzimmern waren ihr zu inhaltsleer. Gern ließ sie sich dagegen einladen als Referentin zu sozialdemokratischen Volks- und Parteiversammlungen, zu Vorträgen im Rahmen von Bildungsreihen und Leseabenden.

Erst am Vorabend des Ersten Weltkriegs ließ sie sich am 7. Juni 1914 auf der Generalversammlung des sozialdemokratischen Wahlvereins für Teltow-Beeskow, zu dem das südliche Berliner Umland und der gesamte Süden des heutigen Berlin gehörten, in die Press-

SPD-Parteivorstand 1909 mit August Bebel (vorn Mitte), der Frauenvertreterin Luise Zietz (hinten li.), Friedrich Ebert (hinten, 2. v. li.).

kommission wählen. Qua Funktion war sie damit Mitglied des SPD-Vorstands von Groß-Berlin in der Lindenstraße 3.

Luxemburg konnte nicht verhindern, dass nach der Zustimmung der SPD-Reichstagsfraktion zu den Kriegskrediten am 4. August 1914 der *Vorwärts* diese Kriegsunterstützung billigte und sich mehr und mehr patriotisch ausrichtete. Auch wenn sich Rosa Luxemburg wenig davon versprach, stürzte sie sich zwischen ihren beiden Inhaftierungen im Frühjahr 1916 erneut in die »Instanzenbalgerei«. An Clara Zetkin schrieb sie am 30. April 1916: »Die Sitzungen in meinen Berliner Instanzen, die jetzt beinahe jede Woche zwei bis dreimal vorkommen, dauern gewöhnlich bis 1 Uhr nachts, sodass ich um 2 nach Hause komme und am anderen Tag wie gerädert bin. Und leider kann ich, solange ich hier in Berlin bin, mich von diesen verdammten Sitzungen nicht fernhalten, sonst würde man mir und ich mir selbst mit Recht Pflichtversäumnis vorwerfen. Es kommt bei alledem fast nichts Greifbares heraus, und ich messe diesem ganzen Froschmäusekrieg

SPD-Parteizentrale in der Lindenstraße 3, um 1914; auch der Vorwärts, die zentrale SPD-Parteizeitung, zog 1914 hierher; nach Zerstörungen im Zweiten Weltkrieg wurde das Gebäude abgerissen.

in den ›Instanzen‹ gar keine Bedeutung zu, und doch kann ich nicht auf die Seite gehen und mich frei machen, denn die Proletarier würden mir das sehr verargen — sie selbst überschätzen ja diese Instanzenbalgerei sehr stark.«

Im Zweiten Weltkrieg wurden die SPD-Zentrale und ihr Umfeld zerstört. Sie ist in der heutigen Stadttopografie nur schwer zu verorten, weil sich mit der Neubebauung auch die Straßenverläufe änderten. Ende der 1990er-Jahre ließ der SPD-Bundesvorstand nicht weit von der historischen Adresse mit dem Willy-Brandt-Haus an der Wilhelm-, Ecke Stresemannstraße eine neue Parteizentrale errichten.

Nach Franz Mehring, der Geschichte an der SPD-Parteischule unterrichtete, sind Mehringplatz und Mehringdamm benannt. Er verfasste die ersten Biografien von Karl Marx und Ferdinand Lassalle und eine kritische Geschichte Preußens. Der linke Sozialdemokrat und Kriegsgegner war trotz einiger »Gletscherperioden« in ihrer Beziehung ein enger politischer Mitstreiter von Rosa Luxemburg. Zusammen leiteten sie 1902 die Chefredaktion der *Leipziger Volkszeitung*.

Die KPD verlegte im Februar 1929 ihre nach Rosa Luxemburg benannte Parteischule von Dresden nach Fichtenau (heute Schöneiche-Fichtenau). ■

Rosa-Luxemburg-Schule der SED in Schöneiche-Fichtenau, 1973.

»Die Akkumulation des Kapitals. Ein Beitrag zur ökonomischen Erklärung des Imperialismus«

»Der Kapitalismus ist die erste Wirtschaftsform mit propagandistischer Kraft, eine Form, die die Tendenz hat, sich auf dem Erdrund auszubreiten und alle anderen Wirtschaftsformen zu verdrängen, die keine andere neben sich duldet. Es ist aber zugleich, die erste, die allein, ohne andere Wirtschaftsformen als ihr Milieu und ihren Nährboden, nicht zu existieren vermag, die also gleichzeitig mit der Tendenz, zur Weltform zu werden, an der inneren Unfähigkeit zerschellt, eine Weltform der Produktion zu sein. Es ist ein lebendiger innerer Widerspruch in sich selbst, seine Akkumulationsbewegung ist der Ausdruck, die fortlaufende Lösung und zugleich Potenzierung des Widerspruchs. Auf einer gewissen Höhe der Entwicklung kann dieser Widerspruch nicht anders gelöst werden als durch die Anwendung der Grundlagen des Sozialismus – derjenigen Wirtschaftsform, die zugleich von Hause aus Weltform und in sich ein harmonisches System ist, weil sie nicht die Akkumulation, sondern auf die Befriedigung der Lebensbedürfnisse der arbeitenden Menschheit selbst durch die Entfaltung der Produktivkräfte des Erdrundes gerichtet sein wird.« (In: Gesammelte Werke, Bd. 5, S. 411)

15 Wahlrechtsspaziergang

Orte: Treptower Park, Berlin-Treptow | Ⓢ TREPTOWER PARK | / Reichstag, Platz der Republik, Berlin-Mitte | Ⓤ BUNDESTAG |

Für den 6. März 1910 hatte die Berliner SPD zu einem »Wahlrechtsspaziergang« im Treptower Park aufgerufen. Protestiert werden sollte gegen das undemokratische Dreiklassenwahlrecht in Preußen, das die Stimmen nach Besitz gewichtete und damit die arbeitende Mehrheit der Bevölkerung zur Minderheit degradierte.

Weil Demonstrationen in Preußen verboten waren, wurden öffentliche Kundgebungen in Grünanlagen verlegt und als Spaziergänge deklariert. Der Treptower Park mit seinen nahe gelegenen SPD-Hochburgen Treptow, Neukölln und Kreuzberg war häufig Schauplatz solcher »Spaziergänge« der Berliner Arbeiterbewegung.

Doch am 6. März 1910 wartete ein großes Polizeiaufgebot dort vergeblich. Heimlich war ein neuer Kundgebungsort ausgegeben worden. 150 000 Menschen kamen am Reichstag zusammen und freuten sich, die Polizei hinters Licht geführt zu haben. Umso brutaler geriet dann deren verspäteter Einsatz. Berittene Polizei sprengte Säbel schwingend mitten in die Massen, um diese auseinanderzutreiben.

Rosa Luxemburg, die sich an der Demonstration vor dem Reichstag beteiligt hatte, berichtete am 7. März 1910 an Clara Zetkin nach Stuttgart: »Die gestrige Demonstration war zwar stark chaotisch, zerstreut und richtungslos, aber im Ganzen hat sie gut gewirkt und ist ein Schritt vorwärts. Die Massen reißen zwar noch beim ersten Anblick der Polizeipferde und der blanken Säbel kopflos aus (wir mit Deinem Sohn [Kostja Zetkin] und mit Rosenfeldchen [Kurt Rosenfeld, SPD-Politiker und Anwalt] blieben immer standhaft auf dem Platz, und die Kerle wagten uns natürlich nichts zu machen), aber auch das Nichtausreißen muss gelernt werden. Jedenfalls ist in den Massen

SPD-Kundgebung gegen das Dreiklassenwahlrecht im Treptower Park; Aufnahme ca. 1910–1913.

die Lust zu demonstrieren und die Wut auf die Polizei gestiegen, und jetzt werden sicher Demonstrationen gemacht, ob die Leitung [der SPD] dazu Parole gibt oder nicht.«

Den politischen Massenstreik |► S. 52| propagierte Rosa Luxemburg bei ihren Auftritten bis zum Beginn des Ersten Weltkriegs, so auch am 14. Januar 1914 gegenüber der Reichstagsfraktion: Arbeiter »sollen mit einem Male für einen letzten Massenstreik, für einen Kampf auf Leben und Tod reif sein? Dazu gehört doch eine vorhergehende Periode stürmischer Massenkämpfe, Demonstrationsstreiks, wirtschaftlicher Riesenkämpfe usw., damit sie nach und nach aus ihrer Starrheit, ihrem Kadavergehorsam, ihrer Zersplitterung losgelöst und der Gefolgschaft der Sozialdemokratie angegliedert werden.« (In: Gesammelte Werke, Bd. 7/2, S. 808) ■

16 Fünf-Zimmer-Wohnung in Südende

Ort: Wohnhaus, Biberacher Weg 2, Berlin-Steglitz, damals Lindenstr. 2, Mariendorf (Neubebauung) | Ⓢ SÜDENDE |

Am 30. August 1911 zog Rosa Luxemburg zusammen mit ihrer Katze Mimi und dem Dienstmädchen Ida Raduin nach Südende in die Lindenstraße 2: eine Fünf- Zimmer-Wohnung mit Balkon in der Mansarde eines Einfamilienhauses. Ab Juli 1914 hatte sie einen eigenen Telefonanschluss. Mit ihrem Gehalt als Dozentin der SPD-Parteischule |▸ S. 56| konnte sie sich die großzügige Wohnung in dem kleinen Berliner Vorort leisten, die sie auch während ihrer langjährigen Haftzeiten während des Ersten Weltkriegs erhalten konnte. In dieser Zeit übernahmen ein wohlhabender Parteifreund und die Schauspielerin Tilla Durieux die Miete, die 900 Mark jährlich betrug.

»Ich bin so wohl hier in der Wohnung; jedes Mal freue ich mich, dass ich nicht mehr in Friedenau bin; es ist so still hier, das Auge ruht auf dem breiten, flachen Feld mit den Silhouetten von Gebäuden und Fabriken in der Ferne, die jetzt meist bläulich-neblig aussehen.« (Brief an Kostja Zetkin, November 1911)

🎧 AUDIO 7: »Herumstrolchen in Südende«

Rosa Luxemburgs stilles Vorortleben wurde bald durch die dramatische Entwicklung des Weltgeschehens gestört. Am 1. August 1914 erklärte Kaiser Wilhelm II. Russland den Krieg. Die Vorstände von SPD und Gewerkschaften beendeten umgehend die Massenproteste gegen den Krieg, die es an den Tagen zuvor noch gegeben hatte. Nachdem sich die Kriegsgegner in der Fraktion der Mehrheit gebeugt hatten, stimmten am 4. August 1914 alle SPD-Abgeordneten im Reichstag für die Bewilligung der Kriegsgelder.

Am Abend dieses Tages versammelten sich sozialdemokratische Kriegsgegner in der Wohnung von Rosa Luxemburg. Sie beschlossen,

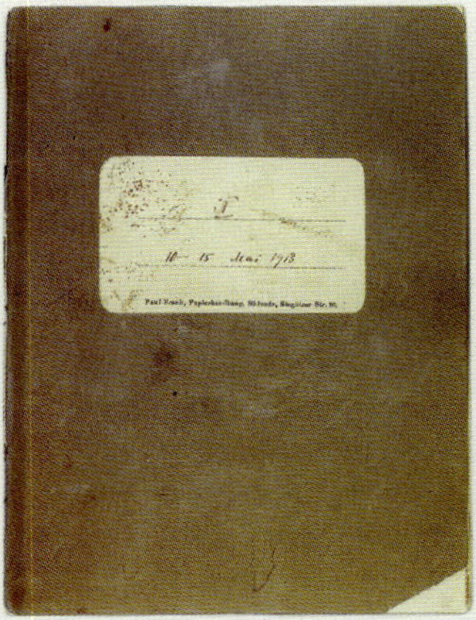

Botanisierheft mit Aufdruck: »Paul Frank Papierhandlung, Südende, Steglitzer Str. 28«; eine Seite daraus mit Eintrag unten rechts: »aus dem Garten in Südende«.

Das Herbarium

Mit ihrem Umzug nach Südende entwickelte Rosa Luxemburg ein neues Hobby. Bei ihren Spaziergängen sammelte sie Pflanzen, trocknete sie, klebte sie in Hefte ein und beschrifte sie mit ihren wissenschaftlichen Bezeichnungen. Manchmal vermerkte sie auch den Fundort.

Rosa Luxemburg nummerierte ihre Botanisierhefte. Nummer I trägt das Datum 10. bis 15. Mai 1913 und den Aufdruck »Paul Frank, Papierhandlung, Südende, Steglitzer Str. 28«. Das Gebäude existiert noch unter der heutigen Adresse Steglitzer Damm 88, nahe Bahnhof Südende.

In den Gefängnissen, wo sie während des Ersten Weltkriegs inhaftiert war, füllte sie weitere Botanisierhefte. Sie fand die Pflanzen bei den Hofgängen in den Haftanstalten – im Zuchthaus Wronke hatte sie sogar ein eigenes Gärtchen. Und wer ihr eine besondere Freude bereiten wollte, schickte ihr frische oder gepresste Pflanzen.

2009 wurde Rosa Luxemburgs Herbarium in einem Warschauer Archiv entdeckt und dann im Auftrag der Rosa-Luxemburg-Stiftung publiziert.

Bahnhof Südende, um 1900; durch Kriegszerstörung ist das Türmchen nicht mehr erhalten; rechts: der Steglitzer Damm, die frühere Steglitzer Straße.

in der SPD zu bleiben, Gleichgesinnte zu sammeln und ihnen eine neue Handlungsorientierung zu geben. Rosa Luxemburg hatte schon am 2. August an ihren Freund Kostja Zetkin geschrieben: »Über Dein ›Austreten aus der Partei‹ habe ich gelacht. Du großes Kind, willst Du vielleicht aus der Menschheit auch ›austreten‹? Über geschichtliche Erscheinungen von diesem Maßstab vergeht einem jeder Ärger, und es bleibt nur Platz für kühle Überlegung und hartnäckiges Handeln.«

Doch Luxemburgs Handlungsmöglichkeiten wurden schnell erheblich beeinträchtigt. Ihr Telefon wurde gesperrt, ihre Post, ihr Haus und sie selbst wurden von der Polizei überwacht – nichts Neues für sie, denn schon in ihrer ersten Wohnung in der Cuxhavener Straße war sie bespitzelt worden. Später kam es auch zu Hausdurchsuchungen. Am 18. Februar 1915 wurde sie in ihrer Wohnung von Kriminalbeamten ver-

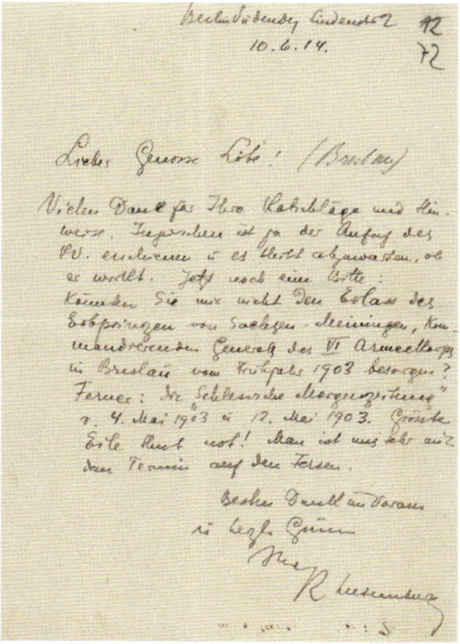

Berlin-Südende, Lindenstr. 2
10.6.16.

Lieber Genosse Löbe! (Breslau)

Vielen Dank für Ihre Ratschläge und Hinweise. Jedenfalls ist ja der Aufruf des PV. erschienen u. es heißt abzuwarten, ob er wirkt. Jetzt noch eine Bitte: Könnten Sie mir nicht den Erlass des Erbprinzen von Sachsen-Meiningen, kommandierenden General des VI Armeekorps in Breslau vom Frühjahr 1903 besorgen? Ferner: die „Schlesische Morgenzeitung" v. 4. Mai 1903 u. 12. Mai 1903. Größte Eile tut not! Man ist uns sehr auf den Fersen.

Besten Dank im Voraus
u. herzl. Grüße
Ihre
R. Luxemburg

LINKS *Rosa Luxemburg; undatierte Aufnahme, nach 1910.*
RECHTS *Faksimile eines Briefs an den späteren Reichstagspräsidenten Paul Löbe vom 10. Juni 1916, den sie in Südende schrieb.*

haftet und musste eine einjährige Haftstrafe |► S. 76 + 82| antreten, die wegen ihres Gesundheitszustands zunächst ausgesetzt worden war.

Danach verblieben ihr nur noch wenige Monate in Südende. Am 10. Juli 1916 wurde sie ohne Prozess in »militärische Schutzhaft« genommen, aus der sie erst mit Revolutionsbeginn am 8. November 1918 freikam. Bis zu ihrer Ermordung am 15. Januar 1919 konnte sie nur selten in ihre Wohnung zurück. Zuerst ließ ihr das Revolutionsgeschehen dafür keine Zeit, dann musste sie sich verstecken |► S. 108|.

In Südende hat sich seit Rosa Luxemburgs Zeiten einiges verändert. Die Lindenstraße heißt heute Biberacher Weg, aber das historische Straßenpflaster blieb erhalten. Haus Nummer 2 wurde durch einen Neubau ersetzt, doch nebenan gibt es noch Überbleibsel aus dem Kaiserreich. ■

17 »Jammervoll vor Schwäche«

Ort: Gebäude des ehem. Kreiskrankenhauses Teltow, heute: Bundesanstalt für Materialprüfung, Unter den Eichen 44–46, Berlin-Lichterfelde
| Ⓢ BOTANISCHER GARTEN |

»Schreiben Sie direkt Kreiskrankenhaus Groß-Lichterfelde, Abt. VIII, Z. 6«, informierte Rosa Luxemburg am 14. September 1912 Leo Jogiches über ihre aktuelle Adresse. Ins Krankenhaus eingeliefert worden war sie wegen drohender Nierenblutung infolge einer verschleppten Erkältung und eines Blasenkatarrhs. Die von ihrer Ärztin verordnete Bettruhe hatte sie missachtet.

Das Krankenhaus war 1900 für den Landkreis Teltow errichtet worden, zu dem der gesamte Süden des heutigen Berlin bis zur Bildung Groß-Berlins 1920 gehörte. Ab 1939 diente es der SS als Lazarett. Von 1945 bis 1976 war es – im amerikanischen Sektor von Berlin gelegen – US-Militärkrankenhaus. Seit 1977 wird es von der Bundesanstalt für Materialprüfung genutzt. Das restaurierte Haupthaus mit seinem auffälligen Turm in der Mitte steht unter Denkmalschutz.

»Man ist zu mir hier sehr gut, fast zu gut«, beruhigte sie am 23. September ihren Freund Kostja Zetkin. Bei ihrem politischen Mitstreiter Jogiches dagegen beschwerte sie sich am 25. September, sie komme nicht zum Arbeiten: »Dauernd machen sie etwas mit mir: Mal geben sie mir zu essen, mal ist der Doktor hier, dann machen sie mir Umschläge, dann muss ich baden usw. Die Visiten stören auch.«

Nach 14 Tagen wurde sie aus dem Krankenhaus entlassen, obwohl sie sich nach einem Brief an Jogiches vom 27. September noch immer »jammervoll vor Schwäche« fühlte. Anfang Oktober war sie noch nicht in der Lage, vor die Tür zu gehen. Und ihren Unterricht an der Parteischule |▸ S. 56f.| nahm sie erst im Dezember 1912 wieder auf.

Körperliche Beschwerden sind ein ständiges Thema in Luxemburgs Briefen. Sie litt offenbar unter starken Menstruationsschmer-

Kreiskrankenhaus Teltow in Lichterfelde, 1913. Das restaurierte Gebäude wird heute von der Bundesanstalt für Materialprüfung genutzt.

zen, die sie regelmäßig mehrere Tage beeinträchtigten. Auch von Migräne wurde sie immer wieder heimgesucht. Schon als 27-Jährige sparte sie für neue Zähne. Ebenso musste sie sich bereits in ihrer Berliner Anfangszeit wegen Magenbeschwerden ärztlich behandeln lassen. Und wegen ihres empfindlichen Magens brauchte sie während ihrer Inhaftierungen Spezialkost von außerhalb.

Sie selbst machte die »Nerven« für ihr Magenleiden verantwortlich. Wegen ihrer schweren Depressionen, die sie tagelange schreib- und arbeitsunfähig machten, befürchtete sie sogar, geisteskrank zu werden. Über ihre Depressionen schrieb sie nur wenigen sehr Nahestehenden. Allen anderen gegenüber gab sie sich in ihren Briefen fröhlich, heiter, kämpferisch. Nicht selten versuchte sie damit, ihre eigene Stimmung zu heben. Und viele ihrer aufmunternden Appelle waren vor allem Selbstermutigungen. ■

18 Mathilde Jacob – Sekretärin, Vertraute, Mitstreiterin

Orte: Mathilde-Jacob-Platz am Rathaus Tiergarten mit Gedenktafel | U HANSAPLATZ | / Stolperstein für Mathilde Jacob, Altonaer Str. 26, Berlin-Tiergarten | U TURMSTRASSE |

»**Zu Rosa Luxemburg trat ich** in persönliche Beziehung, als mir Arbeiten für die *Sozialdemokratische Korrespondenz* übertragen wurden«, erinnerte sich Mathilde Jacob an den Beginn ihrer Zusammenarbeit Ende 1913. »Niemals vorher hatte eine Frau einen so tiefen Eindruck auf mich gemacht. Ihre großen leuchtenden Augen, die alles zu verstehen schienen, ihre Bescheidenheit und Güte, ihre fast kindliche Freude an allem Schönen, ließen mein Herz für sie höherschlagen. Bewundernd blickte ich zu dieser Geistesgröße auf, die beinahe dürftig gekleidet war. [...] Sie sah so bescheiden und anspruchslos aus, dass Menschen, die sie noch nicht gesehen hatten, verwundert ausriefen: ›Das ist Rosa Luxemburg?‹« (Jacob: Rosa Luxemburg, S. 441)

In der Altonaer Straße 11, heute 26, betrieb Mathilde Jacob im Gartenhaus seit 1908 ein Schreib- und Übersetzungsbüro, das mit Schreibmaschine und Vervielfältigungsgerät über die modernste technische Ausstattung verfügte. Über andere sozialdemokratische Auftraggeber lernte sie Rosa Luxemburg kennen und arbeitete auch für sie als Sekretärin.

Während des Kriegs übernahm sie die persönliche Betreuung der inhaftierten Rosa Luxemburg und wurde dadurch zu ihrer engsten Vertrauten und Freundin. Sie kümmerte sich um Luxemburgs Wohnung, nahm ihre Katze Mimi zu sich, organisierte ihre Verköstigung und versorgte sie auch mit allem anderem, was sie brauchte. Sie überbrachte private und politische Nachrichten und schmuggelte Schriften von Luxemburg aus den Gefängnissen.

Von der *Sozialdemokratischen Korrespondenz* zu *Spartacus*

Je mehr sich die SPD zu einer Partei des »Nichts-als-Parlamentarismus« entwickelte, umso weniger waren die zentralen Parteizeitungen bereit, die Kritik Rosa Luxemburgs an diesem Parteikurs zu veröffentlichen. Lokale Parteizeitungen wegen des Abdrucks einzelner Artikel zu kontaktieren, war sehr zeit- und arbeitsaufwendig. Deshalb gab Rosa Luxemburg zusammen mit Franz Mehring und Julian Marchlewski, zwei anderen erfahrenen linken sozialdemokratischen Journalisten, ab Ende 1913 einen eigenen Pressedienst heraus, die *Sozialdemokratische Korrespondenz*.

Mathilde Jacob tippte die Meldungen in ihrem Schreibbüro in der Altonaer Straße auf Matrizen und vervielfältigte sie mit einer Abzugsmaschine. Nach ihren Erinnerungen half ihr Rosa Luxemburg, wenn sie ihre Artikel vorbeibrachte bzw. ihr direkt in die Schreibmaschine diktierte, bei der Herstellung der 150 hektografierten Exemplare.

Bis Ende Dezember erschien die *Sozialdemokratische Korrespondenz* dreimal wöchentlich und wurde an zirka 60 Zeitungsredaktionen verschickt. Infolge des Kriegs konnte sie ab Januar 1915 nur noch einmal wöchentlich als *Wirtschaftliche Rundschau* herausgebracht werden und musste im Mai des Jahres das Erscheinen ganz einstellen.

AUDIO 8: »Die Proletarierin«

Während des Kriegs gehörte Rosa Luxemburg zu den Herausgebern von *Internationale* und *Spartacus*. Die *Internationale* wurde sofort nach der ersten Ausgabe im April 1915 unter Vorzensur gestellt und deshalb nicht weiter produziert. Bei *Spartacus* wurde von vornherein auf eine offizielle Publikation verzichtet. Als hektografiertes Material ab November 1915 unter dem Titel »Politische Briefe« illegal vertrieben, wurde das Blatt ab September 1916 heimlich gedruckt; es konnte nur in kleinem Umfang und unregelmäßig erscheinen. In die Geschichte sind diese Antikriegsschriften als Spartakusbriefe eingegangen. Die linken SPD-Kriegsgegner um Rosa Luxemburg wurden danach Spartakusgruppe |► S. 89| genannt.

Mathilde Jacob war auch die Kontaktperson zwischen Rosa Luxemburg und Leo Jogiches, dem Kopf der Spartakusgruppe |► **S. 88f.**|. Der erfahrene Konspirateur, der nach Möglichkeit im Verborgenen blieb, machte Mathilde Jacob bald auch zu seiner Botin und übertrug ihr immer mehr logistische Aufgaben der Antikriegsarbeit.

Dass Mathilde Jacob in der Revolution lieber mit Leo Jogiches zusammenarbeitete als mit ihr, konnte Luxemburg gar nicht nachvollziehen: »Er ist der schwierigste Charakter, den ich kenne, mit mir kann man doch auskommen.« Nachdem beide Anfang 1919 ermordet worden waren, kam Jacob selbst einige Monate in Haft, ehe sie in Sillenbuch Clara Zetkin in der Redaktion der *Kommunistin* unterstützte

LINKE SEITE *Mathilde Jacob, Sekretärin, Vertraute und Mitstreiterin von Rosa Luxemburg; Foto um 1939.*

UNTEN *Stolperstein für Mathilde Jacob vor dem Haus Altonaer Straße 26.*

RECHTS *Am Rathaus Tiergarten ist 1997 der Platz nach ihr benannt worden.*

und anschließend Paul Levi, Luxemburgs und Jogiches Nachfolger an der KPD-Spitze. Mit ihm kehrte sie 1922 in die SPD zurück.

Mathilde Jacob gehörte zu denen, die sich um den Nachlass von Rosa Luxemburg kümmerten. Nach dem Machtantritt der Nazis sorgte sie dafür, dass alles, was in ihrem Büro lagerte, in die USA gelangte. Sie selbst wurde im Konzentrationslager Theresienstadt am 14. April 1943 Opfer des Holocaust.

1995 wurde der Platz vor dem Rathaus Tiergarten nach Mathilde Jacob benannt, 1997 am Gebäude eine Gedenktafel für sie angebracht. 2011 wurde in der Altonaer Straße 26 ein Stolperstein für sie verlegt. ■

19 »Um mir ein Vergnügen zu bereiten«

Ort: Volksbühne, Rosa-Luxemburg-Platz, Berlin-Mitte
| U ROSA-LUXEMBURG-PLATZ |

So sehr Rosa Luxemburg Berlin verhasst war, das Kulturangebot wusste sie zu schätzen und nutzte es gerne. Nicht immer hat sie in ihren Briefen die Orte, die sie besuchte, angegeben und viele existieren nicht mehr. So blieb von der Berliner Secession, deren jährliche Präsentation moderner Malerei Rosa Luxemburg zusammen mit Luise Kautsky und Clara Zetkin 1908 besichtigte, nur eine Gedenktafel am Kurfürstendamm 208.

Die Opernaufführung, über die sie am 26. März 1907 ihrem Freund Kostja Zetkin berichtete, dürfte in der Staatsoper Unter den Linden stattgefunden haben. »Ich war am Sonnabend mit Luise [Kautsky] in der ›Pique Dame‹ von Tschaikowski, es ist eine starke und originelle Musik – wenn auch stellenweise mit deutlichen Anklängen bald an Wagner, bald an Mozart; aber es scheint mir nicht aus einem Guss zu sein, und es frappiert mehr, als dass es ergreift; immerhin war ich zufrieden, einmal eine russische Oper zu hören, die ich bis jetzt nur bruchstückweise gelegentlich kennenlernte.«

Mit ihrer Nichte Annie Luxemburg ging sie regelmäßig in Konzerte, mit ihrer ehemaligen Vermieterin Klara Neufeld ins Kabarett und mit ihrem Dienstmädchen Ida Raduin nach Steglitz ins Kino.

Die berühmte Schauspielerin Tilla Durieux schildert in ihren Memoiren, wie sie Rosa Luxemburg nach einer ihrer Sondervorstellungen für Arbeiterinnen und Arbeiter, bei denen sie deutsche Dichter rezitierte und der Pianist Leo Kestenberg klassische Musik spielte, kennenlernte: »Nach einem solchen Vortrag kam eine unscheinbare Frau auf mich zu und fragte mich: ›Warum tun Sie das?‹ – Ich war erschrocken, denn meine Kollegen ließen es nicht an bissigen Bemerkungen [wegen der Auftritte im Arbeitermilieu] fehlen, sodass

LINKS *Volksbühne am Rosa-Luxemburg-Platz: Wahrscheinlich begegnete Rosa Luxemburg hier der Schauspielerin Tilla Durieux bei einem Auftritt.*

UNTEN *Anzeige im Vorwärts vom 10. Oktober 1915.*

Verband der Freien Volksbühnen
(Theater am Bülowplatz).
Sonntag, 17. Oktober, mittags 12 Uhr: II. Konzert
Tilla 155/9
Durieux
Leo Kestenberg (Klavier).
Melodramen: **Liszt,** Leonore; **Strauß,** Enoch Arden.
Karten 75 Pf. in den Zahlstellen (Warenhäuser Tietz, Volksbühnenbuchhandlung, Köpenicker Str. 68).

ich wieder Vorwürfe befürchtete. Als ich sagte, dass es mir eben Spaß mache, lächelte sie mich an und sagte: ›Ich bin Rosa Luxemburg.‹ Das war der Anfang einer Reihe von Zusammenkünften mit der großen Frau, die ich allerdings geheim hielt, um nicht noch mehr auf mein schuldiges Haupt zu laden. […] Während des Krieges konnte ich sie im Gefängnis über Kestenberg unterstützen.« (Durieux: Meine ersten neunzig Jahre, S. 113)

Die Auftritte von Tilla Durieux fanden in Versammlungssälen in Arbeitervierteln statt und ab Dezember 1914 auch im neueröffneten Theater für die Arbeiterschaft des Volksbühnen-Vereins am heutigen Rosa-Luxemburg-Platz. Vielleicht war es hier, wo Rosa Luxemburg und Tilla Durieux sich begegneten. ■

20 »Neue Welt«

Ort: Hasenheide 107, Berlin-Neukölln
| U HERMANNPLATZ |

Mehrmals trat Rosa Luxemburg in der »Neuen Welt« in Neukölln auf. Der in den 1860er-Jahren in der Hasenheide errichtete Vergnügungspark war um 1900 um einen Veranstaltungsaal für rund 2000 Personen erweitert worden, den auch die Arbeiterbewegung regelmäßig nutzte.

Am 22. August 1913 beteiligte sich Rosa Luxemburg mit einem Diskussionsbeitrag bei der vom SPD-Parteivorstand einberufenen Versammlung »Gegen den Gebärstreik«. Angeregt durch die allgemeine Klage über den Geburtenrückgang hatten zwei sozialdemokratische Ärzte, Julius Moses und Alfred Bernstein, dazu aufgerufen, keine Kinder mehr zur Welt zu bringen, bis zentrale Forderungen der SPD durchgesetzt seien.

Luxemburg sprach sich dagegen aus. Kampfmittel »im privaten Schlafzimmer« zu suchen sei ein »reaktionärer Versuch, die Massen zu verdummen« und sie vom »wirklich großen Kampf« abzulenken. Die mehreren Tausend Frauen, die erschienen waren, reagierten darauf mit Unmut. Sie fühlten sich mit ihren Alltagssorgen, zu denen die Kriminalisierung von Verhütung und Abtreibung gehörten, nicht ernst genommen.

Standing Ovations für Rosa Luxemburg gab es dagegen in der »Neuen Welt« als sie am 17. März 1914 dort »Gegen die Klassenjustiz« sprach. Weil sie in einer Versammlung die Arbeiter aufgefordert hatte, sich im Kriegsfall zu weigern, »die Waffen gegen ihre französischen oder anderen Brüder zu richten«, war sie am 21. Februar 1914 von einem Gericht in Frankfurt am Main zu einer Haftstrafe von einem Jahr verurteilt worden. Die Veranstaltung in der »Neuen Welt« war eine der zahlreichen Protestversammlungen, auf der sie erklärte:

LINKS *Saal in der »Neuen Welt«; Postkarte von 1910. In der »Neuen Welt« fanden neben Bällen und Vergnügungsveranstaltungen auch sozialdemokratische Massenversammlungen statt.*

UNTEN *Heute beherbergt die »Neue Welt« in Berlin-Neukölln neben einigen Geschäften immer noch einen Veranstaltungssaal.*

»Der Staatsanwalt hat meine Agitation als besonders gefährlich bezeichnet, denn – sagte er – ein bis zwei Dutzend derart verhetzter Leute in einer Kompagnie könnten eine Meuterei hervorrufen. – Also der Militarismus, der uns als gewaltiger, stahlgepanzerter, waffenstarrender Riese hingestellt wird, zittert vor einer Meuterei von zwölf Soldaten! (Heiterkeit) In diesem Wort ist ein wahrer Kern, denn es zeigt sich, dass die trutzige Gewalt, die uns alle niederschmettern will, innerlich hohl, morsch und feige ist. (Beifall) Man unterschätzt uns, wenn man glaubt, es sei uns um ein Komplott von zwölf Soldaten zu tun. Mit solchen Kleinigkeiten geben wir uns nicht ab. (Großer Beifall) Was wir wollen, das ist viel gefährlicher für den heutigen Staat: Die Aufrüttelung der Millionen von arbeitenden Männern und Frauen. Das ist die historische ›Meuterei‹ der Arbeiterklasse gegen das heutige Gesellschaftssystem. – Dies Ziel wird nicht durch eine Meuterei von zwölf Soldaten erreicht.« (Vorwärts, 18.3.1914) ■

AUDIO 9: »So hörte ich alle Reden aus nächster Nähe«

21 Den Kriegsminister in die Flucht geschlagen

Ort: Berliner Kriminalgericht, Turmstr. 91, Berlin-Moabit | U TURMSTRASSE |

»Sie wollen mich also niederhetzen mit Prozessen«, schrieb Rosa Luxemburg im Mai 1914 an Clara Zetkin. Nachdem sie drei Monate vorher wegen einer Antikriegsrede von einem Frankfurter Gericht zu einem Jahr Haft verurteilt worden war |► S. 76|, hatte nun der Kriegsminister Falkenhayn eine Klage wegen Verleumdung und Beleidigung vor dem Kriminalgericht in Berlin gegen sie erwirkt, weil sie das Militär der systematischen Misshandlung von wehrpflichtigen Soldaten bezichtigt hatte.

AUDIO 10: »Das verwerfliche System des Soldatenmissbrauchs«

Der kurz nach 1900 errichtete Komplex des Berliner Kriminalgerichts signalisiert mit seiner Monumentalität und Pracht den Angeklagten noch heute, wem sie gegenübertreten, wer die Macht hat. Rosa Luxemburg ließ sich dadurch nicht einschüchtern. Sie betrachtete die Anklage gegen sie als Chance für einen Schauprozess gegen den Militärapparat. Am 7. Juni 1914 rief sie im *Vorwärts* Soldaten auf, sich als Zeugen zu melden. »Diese Prozesse sollen den Beweis liefern, dass jeder Streich, zu dem der heutige Staat gegen das kämpfende Proletariat ausholt, mit doppelter Kraft auf den Urheber zurückfällt.«

Nachdem ihr Aufruf auch in der übrigen Parteipresse verbreitet worden war, gab es 30 000 Rückmeldungen. Rund 1 000 waren auch bereit, vor Gericht auszusagen. Von der Fülle der Beweise überwältigt, vertagte das Gericht daraufhin den Prozess auf einen unbestimmten Termin. Kurz nach Kriegsbeginn zog der Kriegsminister am 4. August 1914 seinen Strafantrag zurück und vier Tage danach wurde das Verfahren eingestellt.

OBEN *Berliner Kriminalgericht in Moabit, um 1910.*

RECHTS *Vor dem Berliner Kriminalgericht musste sich Rosa Luxemburg verantworten, weil sie das System des Soldatenmissbrauchs angeprangert hatte; Karikatur von 1914.*

Dies kommentierte Paul Levi, der als Anwalt von Rosa Luxemburg ihre Verteidigung mit vorbereitet hatte, in einer Rede, die in einem Extradruck erschien und überall verteilt wurde: »Als man aber antrat zum Gefecht, als man vonseiten der Angeklagten mit keinem anderen Schwert als der Wahrheit kämpfen wollte, und als dann wirklich gekämpft werden sollte, siehe, da geschah es, dass der ›Lebensnerv des Staates‹ einen Nervenschock bekam. Der Lebensnerv, der Herr Kriegsminister, der die Macht des Staates repräsentiert, wandte sich zur Flucht, zeigte seinen Gegnern den Rücken, wie man es ähnlich in der preußischen Geschichte nur erinnern kann aus dem Jahre 1806. Der Kriegsminister mit seiner Macht musste die Flucht ergreifen vor der kleinen Rosa Luxemburg, die man noch Tage zuvor gehöhnt und verlästert hatte, wie man es nur konnte.« (Luxemburg-Prozess und Soldatenmisshandlung. Rede von Paul Levi, S. 3) ■

22 Kriegsgegner sammeln

Ort: ehem. Bartsch's Festsäle, Hermannstr. 49, Berlin-Neukölln | U BODDINSTRASSE |

Unter der Rubrik »Arbeiter-Bildungsschule« kündigte der *Vorwärts* am 24. Oktober 1914 den Beginn einer Vortragreihe zur Nationalökonomie mit Rosa Luxemburg in Neukölln an. Dahinter verbarg sich ein »Kursus zwecks Schulung gegen den Krieg und Stellen der Partei auf neue Grundlage«, an dem etwa »60 Genossen« teilnahmen, wie sich Bruno Thormann, ein SPD-Funktionär aus Neukölln, erinnerte. (Bruno Thormann, Lebenslauf, Landesarchiv Berlin, S. 3)

AUDIO 11: »... aus den eigenen Irrtümern zu lernen«

Den Charakter der Vorträge bestätigte auch Else Beck, eine Teilnehmerin: »Der Vortrag der Gen[ossin] Luxemburg begann pünktlich um 9 Uhr. Auch Rosa war pünktlich zur Stelle. Die letzten Teilnehmer trafen immer spätestens um ¾ 9 Uhr ein, trotzdem es für viele ein ziemlich weiter Weg war. Der Saal war wenig geheizt, und Rosa wärmte sich, wenn sie ankam, zunächst an dem kleinen eisernen Öfchen die Füße. Aber von den Teilnehmern fiel es keinem ein, diesen kalten Raum zu kritisieren, denn alle waren froh, endlich einmal wieder etwas von einer guten Lehrerin zu hören, und Rosa verstand es vorzüglich, unter der ›Akkumulation des Kapitals‹ die Ursachen der Entstehung des Krieges im August 1914 sehr verständlich zu machen. Besonders behandelte sie den angeblichen Überfall auf Deutschland im August 1914. Da diese Vorträge sehr interessant waren, wuchs die Teilnehmerzahl von Sonntag zu Sonntag. Und jedes Mal dauerten die Vorträge bis nachmittags 2 Uhr. Es fiel keinem Genossen ein, auch nur einige Minuten vor Schluss den Saal zu verlassen, denn keiner wollte von den klaren Ausführungen etwas verlieren. Aber plötzlich war die Staatsmacht dahintergekommen, und man hatte herausgefunden, dass Rosa aus irgendeinem politischen Prozess noch eine Strafe abzusitzen habe, zu deren Ableistung sie nunmehr eingeladen

LINKS *Festsäle in der Neuköllner Hermannstraße 49; Postkarte von 1906: Unter Tarnung agitierte hier Rosa Luxemburg im Herbst 1914 gegen den Krieg.*

UNTEN *Haus in der Hermannstraße 49 in Berlin-Neukölln; der ehemalige Festsaal ist heute nicht mehr öffentlich zugänglich.*

wurde. Die Vorträge konnten dadurch zum Bedauern der Teilnehmer nicht zu Ende geführt werden, aber es hatte sich dort ein Stamm der Kriegsgegner gebildet, der seiner Sache treu blieb bis zum Schluss des Krieges und darüber hinaus.« (Else Beck, Ein Kursus bei Rosa, Bundesarchiv SAPMO, S. 1)

Neukölln war eine Hochburg der SPD und wurde nun auch eine der Kriegsgegner.

Noch während des Kriegs wurden Bartsch's Festsäle umgestaltet. Von 1917 bis 1973 gab es dort ein Kino, das 1956 noch einmal umgebaut wurde. Seit Mitte der 1970er-Jahre dienten die Räume im Hof als Lager für die Geschäfte im Vorderhaus. Vor dem Gebäude gibt es eine Infotafel zu den Viktoriasälen, die später unter dem Namen des Betreibers Bartsch firmierten. ■

23 Berliner Frauengefängnis

Ort: Barnimstr. 10, Berlin-Friedrichshain, heute: Jugendverkehrsübungsplatz (Gedenkstele für Rosa Luxemburg, Weinstr. 1–2), Berlin-Friedrichshain | Tram BÜSCHINGSTRASSE |

Wegen »Aufreizung zu Gewalttätigkeiten« mit einer Parteitagsrede zum politischen Massenstreik |▸ S. 52| erhielt Rosa Luxemburg eine Haftstrafe von zwei Monaten und machte im Sommer 1907 erstmals Bekanntschaft mit dem Berliner Frauengefängnis in der Barnimstraße. Einige Jahre später musste sie dort vom 18. Februar 1915 bis zum 18. Februar 1916 ihre einjährige Strafe wegen Aufruf zur Meuterei |▸ S. 76| bis zum letzten Tag absitzen.

Rosa Luxemburgs Gefängnisbriefe erwecken den Eindruck, als hätten die Inhaftierungen ihr wenig ausgemacht. Nur an wenigen Stellen bekannte sie, wie sehr ihr die Haft zusetzte. »Damit Sie übrigens keine übertriebene Vorstellung von meinem Heldentum bekommen«, schrieb sie am 23. Februar 1915 über ihre Einlieferung in die Barnimstraße an Mathilde Jacob, »will ich reumütig bekennen, dass ich in dem Augenblick, wo ich zum zweiten Mal an jenem Tage mich aufs Hemd ausziehen und betasten lassen musste, mit knapper Not die Tränen zurückhalten konnte. Natürlich war ich innerlich wütend über mich ob solcher Schwachheit und bin es jetzt noch.«

Als politische Gefangene musste Rosa Luxemburg keine Häftlingskleidung tragen und brauchte nicht zu arbeiten. Ihre Zelle durfte sie mit Bildern und Blumen verschönern. Sie konnte ihr eigenes Geschirr mitbringen und sich Essen von außerhalb liefern lassen, was angesichts ihrer Magenleiden von Vorteil war |▸ S. 69|. Ihr täglicher Hofgang war nicht auf eine halbe Stunde beschränkt. Sie durfte sich bürgerliche Zeitungen und Bücher schicken lassen und in der Zelle so viel schreiben, wie sie wollte.

Das Berliner Frauengefängnis in der Barnimstraße 10 in Berlin-Friedrichshain wurde 1974 abgerissen; neben Rosa Luxemburg und anderen politisch verfolgten Frauen waren hier zwischen 1868 und 1973 vor allem Prostituierte inhaftiert.

Allerdings wurde die gesamte Korrespondenz überwacht. Ihre Antikriegsschriften mussten herausgeschmuggelt werden. Karl Liebknecht, Rechtsanwalt von Beruf, gab sich als Luxemburgs Rechtsbeistand aus und durfte sie so jederzeit besuchen, ohne kontrolliert zu werden. Auch Mathilde Jacob, die eigentlich gar kein Besuchsrecht hatte, weil sie nicht mit Rosa Luxemburg verwandt war, gelang es, sich bei der Gefängnisdirektorin einzuschmeicheln und diese hinters Licht zu führen.

Als Rosa Luxemburg am 18. Februar 1916 aus der Haft entlassen wurde, berichtete die sozialdemokratische Kriegsgegnerin Käte Duncker ihrem Mann an die Front: »Eben haben wir die Rosa abgeholt und alles ging programmmäßig. Wir hatten befürchtet, dass sie früher als eigentlich angegeben herausgebracht würde, aber merkwürdigerweise hielt man die Zeit genau ein. Schon um drei Uhr füllte sich die Barnimstraße mit Menschen, großenteils Frauen. Ich war bis zum Friedrichshain gefahren, um nicht allzu früh da zu sein, und ging von dort die Weinstr. hinunter, die die Barnimstr. bei dem gastlichen Gebäude kreuzt. Als ich noch ca. 300 Schritt entfernt war, sah ich die Masse sich in Bewegung setzen und in Rufe ausbrechen. Ich setzte mich in Trab, aber es war nur das Auto mit Karl [Liebknecht] und der [Mathilde]

»Bilder ohne Worte«; Montage, Spartacus-*Flugblatt 1915.*

Jacob. Diese beiden und Adolf [Hoffmann] verschwanden im Portal, das Auto fuhr fort. Das schien uns ein Zeichen, dass man sie an einem anderen Portal herauslassen würde. Wir setzten uns dahin in Bewegung und kamen auch richtig gerade in dem Augenblick, als das Auto zum Tor rauskam. Hochrufe auf Rosa und den Frieden! Einige schwangen sich auf die Trittbretter, warfen ihr Blumen hinein und fuhren ein Stück mit. Die Gerüchte in der Umgebung waren sehr widersprechend. Die einen sprachen von einem Butterverkauf, andere wollten wissen, die Großherzogin von Luxemburg sei vorbeigekommen.« (K. u. H. Duncker: Ein Tagebuch in Briefen, S. 275)

Laut Käte Duncker kamen in die Wohnung von Rosa Luxemburg in Südende |► **S. 64**| noch einmal »ca. 60 bis 75 Frauen« zur Begrüßung. Sie blieb nur fünf Monate in Freiheit. Am 10. Juli 1916 wurde sie in «militärische Schutzhaft» ins Polizeigefängnis am Alexanderplatz eingeliefert und von dort nach zwei Wochen in die Barnimstraße überführt. Wegen «Beamtenbeleidigung» für vier Wochen wieder an

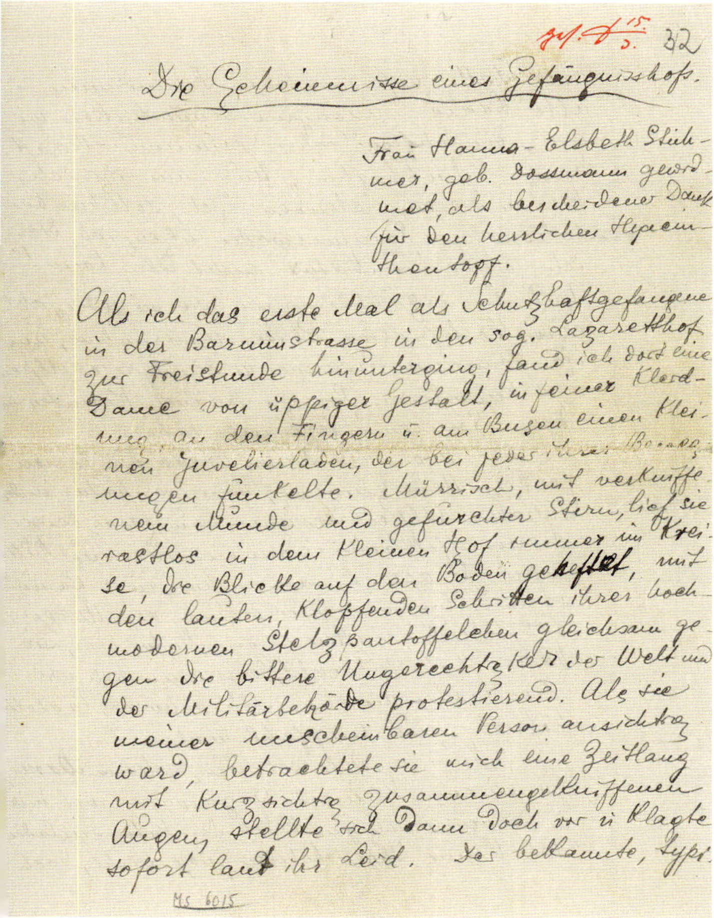

32

Die Geheimnisse eines Gefängnishofs.

Frau Hanna-Elsbeth Stübmer, geb. Dossmann gewidmet, als bescheidener Dank für den herrlichen Hyacinthentopf.

Als ich das erste Mal als Schutzhaftgefangene in der Barnimstrasse in den sog. Lazarethhof zur Freistunde hinunterging, fand ich dort eine Dame von üppiger Gestalt, in feiner Kleidung, an den Fingern u. am Busen einen kleinen Juwelierladen, der bei jeder ihrer Bewegungen funkelte. Mürrisch, mit verkniffenem Munde und gefurchter Stirn, lief sie rastlos in dem kleinen Hof immer im Kreise, die Blicke auf den Boden geheftet, mit den lauten, klopfenden Schritten ihrer hochmodernen Stelzpantoffelchen gleichsam gegen die bittere Ungerechtigkeit der Welt und der Militärbehörde protestierend. Als sie meiner unscheinbaren Person ansichtig ward, betrachtete sie mich eine Zeitlang mit kurzsichtig zusammengekniffenen Augen, stellte sich dann doch vor u. klagte sofort laut ihr Leid. Der bekannte Typ.

Rosa Luxemburg: »Die Geheimnisse eines Gefängnishofes« – erste Seite der Beschreibung des Berliner Frauengefängnisses in der Barnimstraße, 10. März 1917.

AUDIO 12: »Die Geheimnisse eines Gefängnishofs«

OBEN *Gedenkstele für Rosa Luxemburg am ehemaligen Berliner Frauengefängnis, die 1977, drei Jahre nach dem Abriss des Gebäudes, aufgestellt wurde.*

LINKS *Gedenkzelle für Rosa Luxemburg im Berliner Frauengefängnis: Zellentür (unten), 1970, sowie Innenansichten von 1950 (oben) und 1952 (Mitte).*

den Alex strafversetzt, wurde sie schließlich im Oktober 1916 in die Festung Wronke nach Posen verlegt, weil das Frauengefängnis mitten in einem Berliner Arbeiterviertel als zu unsicher galt.

In der Haftanstalt in der Barnimstraße wurde am 5. März 1951 zu Rosa Luxemburgs 80. Geburtstag eine Gedenkzelle für sie eingerichtet. Diese war allerdings nicht öffentlich zugänglich, weil das Gefängnis noch in Betrieb war. Jedes Jahr am 5. März durfte eine Delegation des Demokratischen Frauenbundes, der offiziellen Frauenorganisation der DDR, dort Blumen niederlegen. Ansonsten wurde der relativ große Raum für Betriebsversammlungen genutzt. Und nach Berichten ehemaliger Aufseherinnen und Häftlinge waren beide gleichermaßen stolz darauf, sich um Sauberkeit und Blumenschmuck der Zelle kümmern zu dürfen.

»Ich hatte die Ehre, die Rosa-Luxemburg-Zelle zu reinigen und zu pflegen, mehrfach«, erinnerte sich Beatrice Kühne, die 1970/71 in der Barnimstraße inhaftiert war, weil sie versucht hatte, aus der DDR zu fliehen. »Viele haben die Zelle nie gesehen. Da wurde man nicht zum Gedenken hingeführt. Sie hatte keine Tür, sondern ein Außengitter, sodass man hineinsehen konnte. Nach meiner Erinnerung: keine Möbel, ein Strauß, eine Tafel. […] Dass Rosa Luxemburg hier auch gelitten hat, hatte mich beeindruckt. […] Mein Herz schlug für so etwas Kämpferisches und Aufmüpfiges.« (Zit. n. Gélieu: Barnimstraße 10, S. 304)

Nach dem Abriss des Frauengefängnisses 1974 wurde zum 60. Jahrestag der Oktoberrevolution 1977 eine Gedenkstele für die berühmteste Insassin aufgestellt. Auch die Schule Barnim-, Ecke Weinstraße war nach Rosa Luxemburg benannt, bis der Berliner Senat nach der Wiedervereinigung per Dekret den Namen entzog. Nun trägt eine Schule in Pankow ihren Namen. ■

▸ *Audioweg über den Jugendverkehrsübungsplatz »Gefängnis für Frauen. Barnimstraße 10. Gang durch die Wahrnehmungswelten in 5 politischen Systemen« mit fiktiven Äußerungen von Rosa Luxemburg, www.barnimstrasse.de.*

24 Gruppe Internationale alias Spartakusgruppe

Ort: Anwaltsbüro der Brüder Liebknecht, Chausseestr. 121, Berlin-Mitte (Neubau) / Spartakus-Denkmal im Garten, Zugang über Klingelknopf »Denkmal« | U NATURKUNDEMUSEUM |

Eineinhalb Jahre nach Kriegsbeginn fand am 1. Januar 1916 in den Räumen des Anwaltsbüros von Karl Liebknecht, seinem Bruder Theodor und Oskar Cohn ein Treffen statt, bei dem erstmals sozialdemokratische Kriegsgegner aus ganz Deutschland zusammenkamen, sich eine organisatorische Plattform gaben und gemeinsame Aktivitäten vereinbarten. Käte Duncker, die bei dieser Gründung der oppositionellen SPD-Gruppe Internationale dabei war, informierte am 3. Januar 1916 ihren Ehemann darüber. Durch Einberufung zum Kriegsdienst war Hermann Duncker wie viele andere Kriegsgegner politisch kaltgestellt worden. An die Front konnte ihm seine Ehefrau nur verschlüsselt über die Antikriegsaktivitäten berichten:

»Gestern war eine größere Familienbesprechung zusammen mit Onkel Franz und Karl. Es handelte sich um den Nachlass von Tante Rosa. Da waren natürlich auch die Verwandten aus den übrigen Orten gekommen, aus Stuttgart, Frankfurt, Leipzig, Chemnitz [...], Jena, Erfurt, Braunschweig, Düsseldorf, Bremen und Hamburg. [...] Wir einigten uns auf Tante Rosas Testament.« (K. u. H. Duncker: Ein Tagebuch in Briefen, S. 269f.)

Franz Mehring und Karl Liebknecht waren die Onkel. Aus den genannten Städten hatten sich SPD-Oppositionelle der Gruppe Internationale angeschlossen. Beim Testament der Tante handelt es sich um die von Rosa Luxemburg verfassten »Leitsätze über die Aufgaben der internationalen Sozialdemokratie«. Sie selbst konnte an dem Treffen nicht teilnehmen. Sie saß im Gefängnis |▸ **S. 82**|, wo sie das »Testament« verfasst hatte.

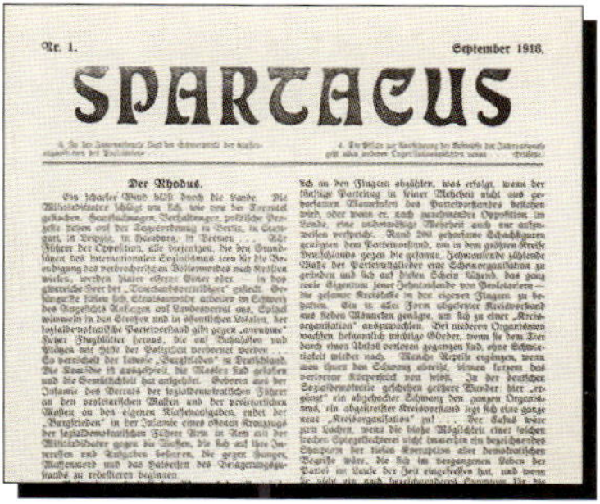

Nr. 1. September 1916.

SPARTACUS

Der Rhodus.

OBEN *Erste Ausgabe des* Spartacus *vom September 1916 mit einem Leitartikel von Rosa Luxemburg (▸ Audio S. 91).*

LINKS *Spartakus-Gedenkstein im Hof der Chausseestraße 121.*

Mit dem Namen Internationale signalisierten die linken SPD-Kriegsgegner, dass sie am grenzübergreifenden Kampf gegen den Imperialismus festhielten und dem nationalistischen Taumel, dem auch die sozialistischen Parteien bei Kriegsbeginn erlegen waren, entgegenwirken wollten. In die Geschichte gingen sie als Spartakusgruppe ein, benannt nach den von ihr ab September 1916 herausgegebenen illegalen Zeitschrift *Spartacus*. In der Revolution 1918 entstand aus diesem Netzwerk die KPD.

Das Haus in der Chausseestraße 121, wo sich das Anwaltsbüro der Gebrüder Liebknecht im 2. Stock befand, wurde im Zweiten Weltkrieg zerstört. 1968, zum 50. Jahrestag der Novemberrevolution, wurde dort ein Gedenkstein aufgestellt. Auf der Vorderseite des Spartakusdenkmals findet sich als Inschrift ein Zitat Karl Liebknechts: »Spartakus, das heißt Feuer und Geist, das heißt Seele und Herz, das heißt Wille und Tat der Revolution des Proletariats.« ■

25 Antikriegskundgebung am 1. Mai 1916

Ort: Denkmal für Karl Liebknecht, Potsdamer Platz, Ecke Stresemannstraße, Berlin-Mitte
|U S POTSDAMER PLATZ|

»Arbeiter, Parteigenossen und ihr Frauen des Volkes! Lasst diesen zweiten Maifeiertag des Weltkrieges nicht vorübergehen, ohne ihn zur Kundgebung des internationalen Sozialismus, zum Protest gegen die imperialistische Metzelei zu gestalten. Am 1. Mai reichen wir über alle Grenzsperren und Schlachtfelder hinweg die Bruderhand dem Volke in Frankreich, in Belgien, in Russland, in England, in Serbien, in der ganzen Welt! Am 1. Mai rufen wir vieltausendstimmig: [...] Schluss mit dem Kriege! Wir wollen Frieden! Hoch der Sozialismus! Hoch die Arbeiter-Internationale! Proletarier aller Länder, vereinigt Euch!«

Mit diesem Flugblatt, das laut Mathilde Jacob von Rosa Luxemburg stammt, rief die Gruppe Internationale |▸ S. 88| für den Abend des 1. Mai 1916 zu einer Kundgebung auf dem Potsdamer Platz auf. Reden sollte Karl Liebknecht, der als erster sozialdemokratischer Abgeordneter am 2. Dezember 1914 gegen die Bewilligung von Kriegsgeldern gestimmt hatte. Als Reichstagsabgeordneter genoss er Immunität gegenüber Polizei und Justiz. Doch kaum hatte Liebknecht »Nieder mit dem Krieg!« ausgerufen, wurde er festgenommen.

»Ich suchte ihn ja mit aller Kraft meiner Fäuste zu ›befreien‹ und zerrte an ihm und den Schutzleuten bis in die Wache, wo man mich unsanft auswies«, berichtete Rosa Luxemburg am 12. Mai 1916 Clara Zetkin nach Stuttgart. Nach vielem Hin und Her fanden sie und Karls Frau Sonja Liebknecht heraus, dass er im Militärarrest in der Lehrter Straße saß.

Gegen die Stimmen der SPD hob der Reichstag die Immunität Liebknechts auf und er wurde zu vier Jahren Zuchthaus verurteilt. Daraufhin kam es im Juni 1916 zum ersten Massenstreik gegen den Krieg, an dem sich rund 50 000 Rüstungsarbeiterinnen und -arbeiter beteiligten, 25 000 protestierten erneut am Potsdamer Platz. Wieder war es ein Flugblatt von Rosa Luxemburg, das die Massen zur Aktion aufgerufen hatte. Nachdem sowohl dieses Flugblatt als auch das zum 1. Mai bei einer Hausdurchsuchung in Luxemburgs Wohnung gefunden worden waren, wurde sie am 10. Juli 1916 in »militärische Schutzhaft« genommen, aus der sie erst durch die Revolution wieder freikam.

AUDIO 13: »Ein scharfer Wind bläst durch die Lande«

Am 13. August 1951, zum 80. Geburtstag von Karl Liebknecht, ließ die SED den Sockel für ein Denkmal für ihn am Potsdamer Platz mitten im Grenzgebiet zwischen Ost- und West-Berlin setzen. Dann geschah zehn Jahre nichts. Die am 13. August 1961 anlässlich des 90. Geburtstags von Karl Liebknecht geplante Großkundgebung – die Plakate waren schon gedruckt – fiel dem Mauerbau zum Opfer. 1995 wurde der Denkmalssockel abgeräumt, 2003 unter der ersten rot-roten Berliner Landesregierung wieder aufgestellt. Eine Tafel informiert über die Geschehnisse am 1. Mai 1916 und die Geschichte dieses unvollendeten Denkmals. ■

OBEN *Karl Liebknecht und Rosa Luxemburg bei der Antikriegskundgebung am 1. Mai 1916; undatierte Zeichnung.*

UNTEN *Sockel für das nie verwirklichte Liebknecht-Denkmal am Potsdamer Platz; Aufnahme von 1951.*

26 Rosa Luxemburgs Schneiderin

Ort: Wohnhaus, Waitzstr. 11, Gartenhaus, 3. Stock, Berlin-Charlottenburg | U ADENAUERPLATZ |

Politikerinnen werden bis heute nach ihrem Äußeren bewertet. Auch bei Rosa Luxemburg zählten nicht nur gute Argumente. »Dessen ungeachtet muss ich jetzt auch etwas Zeit für die Schneiderin aufbringen, die mir ein schwarzes Kleid und dgl. näht«, hatte sie schon 1899 Leo Jogiches geschrieben, der sich auch in Kleiderfragen als ihr Berater sah. Es ging um ihre Vorbereitungen zum Parteitag der SPD in Hannover. »Da Du mir Geld in Aussicht stellst, habe ich mir also auch schon ein neues Korsett bestellt (das alte platzte in der ganzen Länge und lässt sich nicht mehr reparieren) und gebe das blaue Kleid (das ich nach Hannover für den geselligen Abend mitnehme, der gewöhnlich am vierten Tag stattfindet) zum Ändern. [...] Vor Hannover ersetze ich auch am Hut (dem blauen aus Zürich) das Band durch ein neues weißes, denn das ist schmutzig.«

Wie viele Frauen ließ Rosa Luxemburg immer wieder bei derselben Schneiderin nähen, die ihre Maße und ihre Wünsche kannte. Besonders wichtig war dies während ihrer langen Haftzeiten im Ersten Weltkrieg |► S. 82–87|, als sie die Schneiderin nicht selbst aufsuchen konnte, ein »Frl. Nemitz«, wie aus Briefen an Luise Kautsky vom 30. April und 29. Mai 1918 hervorgeht. Elfriede Nemitz ist 1917 im Berliner Adressbuch mit »Damenmode« in der Waitzstraße 11 aufgeführt. Im vornehmen Berliner Westen, nur wenige Schritte vom Kurfürstendamm entfernt, war dies für eine Damenschneiderin eine ausgezeichnete Adresse.

Rosa Luxemburg ließ auch Grüße an die »Mutter unserer Modekünstlerin« bestellen. Als eine der seltenen weiblichen SPD-Parteitagsdelegierten dürfte Rosa Luxemburg Anna Nemitz gekannt haben. Auch sie hat mit Näharbeiten ein Leben lang zum Unterhalt ihrer Familie mit drei Kindern beigetragen oder sie allein durchgebracht,

OBEN *Die Familie Nemitz: Anna (sitzend) und Elfriede*

RECHTS *Elfriede Nemitz schneiderte Damenmode im Gartenhaus Waitzstraße 11 in Berlin-Charlottenburg.*

wenn ihr Ehemann wegen seiner politischen Betätigung wieder einmal entlassen oder verhaftet worden war und nachdem sie sich 1909 von dem Alkoholiker getrennt hatte.

Ab 1917 Mitglied des USPD-Vorstandes war Anna Nemitz während der Revolution eine der wenigen Frauen in einem revolutionären Arbeiterrat |▸ **S. 99**|. Von 1920 bis 1933 sozialdemokratische Reichstagsabgeordnete, 1951 zur Stadtältesten Berlins ernannt, bekam sie nach ihrem Tod 1962 ein Ehrengrab auf dem Waldfriedhof Zehlendorf, in dem auch ihre Tochter Elfriede 1979 beigesetzt wurde. Dass diese mit dem Arzt Julius Moses, einem der beiden Initiatoren der »Gebärstreikdebatte« |▸ **S. 76**| und späteren SPD-Reichstagsabgeordneten, in freier Liebe zusammengelebt hatte, bewahrte sie und die beiden gemeinsamen Kinder vor dessen Schicksal. Julius Moses wurde 1942 als Jude in Theresienstadt ermordet. ■

27 »Mimis Vormund« – Leo Jogiches

Ort: Wohnhaus, Schwarzastr. 9, Berlin-Neukölln
| S SONNENALLEE |

Während des Ersten Weltkriegs benutzte Rosa Luxemburg in ihrer Korrespondenz aus der Haft wegen der Briefzensur |▸ **S. 83**| »Mimis Vormund« als Tarnname für Leo Jogiches. Doch der, der sich vermeintlich um ihre Katze Mimi kümmerte, war in Wirklichkeit *der* Organisator der illegalen Antikriegsarbeit des Spartakusgruppe |▸ **S. 88f.**|.

Auch nach dem Ende ihrer Liebesbeziehung hatten Luxemburg und Jogiches ihre gemeinsame politische Arbeit in der polnischen Sozialdemokratie |▸ **S. 12f.**| fortgesetzt. Da diese immer unter illegalen Bedingungen hatte stattfinden müssen, war Jogiches ein erfahrener Konspirateur. Als ab August 1914 die SPD-Kriegsgegner in die Illegalität getrieben wurden, war er der Experte unter den deutschen Genossen. Und weil er sich bisher nur im Ausland engagiert hatte, war er für die preußische politische Polizei ein Unbekannter.

Jogiches besaß die Staatsbürgerschaft der neutralen Schweiz und konnte sich deshalb 1915 ganz legal unter seinem Namen in Neukölln anmelden. Dort hatte er ein Zimmer zur Untermiete in der Schwarzastraße 9 in einem Eckhaus bezogen, das mehrere Fluchtwege besaß und direkt gegenüber dem S-Bahnhof Kaiser-Friedrich-Straße (heute Sonnenallee) lag. Die einzigen, die Jogiches' Adresse kannten, waren Mathilde Jacob und der Kunsthistoriker Eduard Fuchs (»Sittenfuchs«), bei dem Jogiches offiziell angestellt war. Die Sekretärin und Vertraute von Rosa Luxemburg übernahm Botengänge und organisatorische Aufgaben für Jogiches. Er und Luxemburg setzten die jahrzehntelang erprobte Arbeitsteilung fort – er organisierte, sie und Paul Levi schrieben. Zusammen mit Mathilde Jacob bildeten die vier den Kern der Spartakusgruppe.

Bis März 1918 gelang es Jogiches, einer Verhaftung zu entgehen. Bei einem illegalen Treffen von Spartakusleuten in der Wohnung eines

OBEN *Leo Jeogiches lebte während des Ersten Weltkriegs im Eckhaus in der Schwarzastraße 9 in Berlin-Neukölln.*

LINKS *Leo Jogiches, um 1918.*

Mitstreiters in der Manitiusstraße 1 in Neukölln, an dem er entgegen seiner sonstigen konspirativen Vorsicht teilnahm und das aufflog, wurde er zusammen mit den anderen festgenommen. Seine Zimmervermieterin betreute ihn während seiner Haft. Und nach seiner Befreiung durch die Revolution am 9. November 1918 wohnte er erneut bei ihr.

Nach der Ermordung Rosa Luxemburgs wurde Jogiches ihr Nachfolger an der Spitze der KPD. Bei der Suche nach Luxemburgs Mördern und ihren Hintermännern vernachlässigte er seine eigene Sicherheit. Am 10. März 1919 wurde er in der Schwarzastraße 9 festgenommen und in die Untersuchungshaftanstalt nach Moabit gebracht. Mit einem Schuss in den Rücken ermordete ihn dort noch am selben Tag der Kriminalbeamte Ernst Tamschick. Beigesetzt wurde Leo Jogiches auf dem Revolutionsfriedhof in Friedrichsfelde. ■

28 *Rote Fahne*

Orte: *Berliner Lokalanzeiger*, Zimmerstr. 35–44 (Neubau als Axel-Springer-Passage), Berlin-Kreuzberg | U KOCHSTRASSE | / Excelsior Hotel gegenüber vom Anhalter Bahnhof (Neubau als Excelsior Haus), Stresemannstr. 68–78, Berlin-Kreuzberg | S ANHALTER BAHNHOF |

Als sich nach dem Matrosenaufstand am 4. November 1918 in Kiel und Wilhelmshaven die Revolution in ganz Deutschland auszubreiten begann, kam Rosa Luxemburg am 8. November aus dem Breslauer Frauengefängnis frei. Die zweijährige Haft hatten sie geräuschempfindlich und menschenscheu werden lassen. Sie war abgemagert, ihre Haare waren weiß geworden, ihre Gesundheit und ihre Nerven zerrüttet.

Nach ihrer Rückkehr nach Berlin am 10. November 1918 wurde das Berliner Zeitungsviertel Rosa Luxemburgs Wirkungsort. Mit der Entwicklung eines modernen Druckereiwesens war zwischen der Leipziger Straße und dem heutigen Mehringplatz, der Linden- und der Wilhelmstraße das weltweit größte Pressezentrum mit mehr als 500 Zeitungsverlagen und -redaktionen, Druckereien und anderen grafischen Betrieben entstanden. Das Mosse-Haus in der Schützen-, Ecke Jerusalemer Straße ist das einzige Überbleibsel des im Zweiten Weltkrieg fast vollständig zerstörten Viertels.

Dort, wo sich heute die Axel-Springer-Passage befindet, gab damals August Scherl den *Berliner Lokalanzeiger* heraus, eine der auflagenstärksten Tageszeitungen des Kaiserreichs. Am 9. November 1918 hatten Anhänger der Spartakusgruppe |▸ **S. 88f.**| mit einigen bewaffneten Soldaten die Redaktion des konservativ-reaktionären Blatts besetzt und am Abend die erste Ausgabe der *Roten Fahne* erstellt.

Doch der Verleger Scherl bestach die Soldaten, die die Herausgabe der Revolutionszeitung eigentlich sichern sollten und nun die revolu-

Die Rote Fahne

Zentralorgan des Spartacusbundes

Rußland und die deutsche Revolution.

LINKS *Berliner Lokalanzeiger, 1930, wo am 9. November 1918 die erste Ausgabe der* Roten Fahne *erstellt worden war.*

UNTEN *Zeitungskopf der* Roten Fahne, *Ausgabe vom 23. Nov. 1918: »Schriftleitung: Karl Liebknecht und Rosa Luxemburg«, Königgrätzer Straße 40/41 (heute Stresemannstraße 65).*

tionären Besetzer festhielten. Die Revolutionsregierung verweigerte diesen mit dem Hinweis auf die Freiheit der Presse ihre Unterstützung, sorgte aber für ihre Freilassung.

Um schnell gemeinsam agieren zu können, quartierten sich Rosa Luxemburg, Karl Liebknecht, Paul Levi und einige weitere ihrer Mitstreiter zusammen im Hotel Excelsior ein, das strategisch günstig direkt gegenüber vom Anhalter Bahnhof, am Rande des Zeitungs- und in unmittelbarer Nähe des Regierungsviertels lag. Nur wenige Häuser entfernt in der Königgrätzer Straße 40/41 (heute Stresemannstraße 65) fanden sie schließlich beim *Kleinen Journal* eine neue Herausgabemöglichkeit für ihre *Rote Fahne*.

Als einzige unter den führenden Spartakusleuten hatte Rosa Luxemburg einschlägige Erfahrungen und übernahm die Chefredaktion der *Roten Fahne*. In der Verbreitung von Informationen und Posi-

RECHTS *Im Hotel Excelsior wohnten Rosa Luxemburg und einige ihrer Mitstreiter während der Revolution 1918/19 für einige Tage; Foto um 1920.*

UNTEN *Demonstration für Arbeiter- und Soldatenräte statt Nationalversammlung, Dezember 1918/Januar 1919.*

tionen sah sie die beste Möglichkeit, auf das Revolutionsgeschehen Einfluss zu nehmen. Auch weil sie als Chefredakteurin bis spät in die Nacht hinein vor Ort sein musste, war an eine Rückkehr in ihre Wohnung in Südende |▸ **S. 64**| nicht zu denken

Als das Nobelhotel Excelsior die zusehends angefeindeten »Spartakisten« vor die Tür setzte, zogen sie unter falschen Namen von einem zum nächsten der vielen Hotels rund um den Anhalter Bahnhof. Als nach der blutigen Niederschlagung des Januaraufstands |▸ **S. 104f.**| die Jagd auf Luxemburg und Liebknecht begann, fanden sie einen letzten Unterschlupf in der Nähe des Zeitungsviertels bei Alfred Bernstein in der Blücherstraße 13. Der sozialdemokratische Arzt, der 1913 einen Gebärstreik |▸ **S. 76**| propagiert hatte, war mit Eduard Bernstein nicht verwandt. ■

29 Mitglied des Arbeiterrats in Mariendorf

Ort: Rathaus Mariendorf, Rathaus- / Ecke Kaiserstraße, Berlin-Mariendorf (Neubebauung) | U WESTPHALWEG |

Die Revolutionäre vom November 1918 bildeten Arbeiter- und Soldatenräte. Als basisdemokratische Organe sollten sie an die Stelle von Parlamenten und Regierungen treten, diese ergänzen und kontrollieren. Rosa Luxemburg war Mitglied des Arbeiterrats in Mariendorf, zu dem damals Südende gehörte, wo sie seit 1911 wohnte |► **S. 64**|.

»Mariendorf. Sitzung des Arbeiterrates. An Stelle der Gemeindevertretung, welche in voriger Woche infolge der bekannten Vorgänge nach Hause geschickt worden war, tagte eine Sitzung des erweiterten Arbeiterrates, um die Tagesordnung der letzten Gemeindevertretung zu erledigen. In den Arbeiterrat sind durch die Organisationen gewählt von der Sozialdemokratischen Partei die Genossen Binte, Deinert, Leip, Waldheim, Westphal; von der Unabhängigen Partei: Badeutsch, Eberlein, Frau Eberlein, Globig, Frau Gäde, Kranz, Lix, Rosa Luxemburg, Nitschke, Nutschke, Schirwitz, Weber.« (Vorwärts, 12.12.1918)

Mariendorf war die einzige Gemeinde von Groß-Berlin, wo mit Hugo Eberlein ein Vertreter des Spartakusbunds eine führende Rolle während der Revolution spielte. Seit Kriegsbeginn gehörte er zum Kreis der Kriegsgegner um Rosa Luxemburg. Er war schon vor 1914 Vorsitzender der SPD-Mariendorf gewesen und 1916 von der oppositionellen Mehrheit des SPD-Wahlkreises Teltow-Beeskow-Storkow-Charlottenburg zum Vorsitzenden gewählt worden.

Unter der Leitung Eberleins übernahm der Arbeiter- und Soldatenrat in Mariendorf im Dezember 1918 für einige Zeit die Macht. Rosa Luxemburg soll an einer seiner öffentlichen Sitzungen am 12. Dezember 1918 teilgenommen haben, bei der der Sieben-Stunden-Tag, eine Besoldungsreform, Mieterschutz und Notstandsarbeiten beschlossen und die Entwaffnung der kaiserlichen Truppen gefordert wurden. ■

30 Unabhängige Sozialdemokratie

Ort: Neuköllner Passage, Karl-Marx-Str. 131, Berlin-Neukölln | U KARL-MARX-STRASSE |

Neukölln mit seinen Arbeiterquartieren war eine Hochburg der Arbeiterbewegung. Die meisten der 300 000 Einwohner waren auf Arbeitssuche nach Berlin gekommen. In Neukölln landeten die, die sich woanders keine Unterkunft leisten konnten. Hier waren die Mieten am niedrigsten und die Mietskasernen auf den Hinterhöfen am menschenunwürdigsten. Doch die Zusammengepferchten übten Solidarität untereinander und traten der Partei bei, die ihnen Veränderung ihrer Lebens- und Arbeitsbedingungen versprach.

Ab 1914 wurde Neukölln ein Zentrum der sozialdemokratischen Kriegsgegner |▸ **S. 80f.**|, die sich nach ihrem Ausschluss aus der SPD ab 1917 in der Unabhängigen Sozialdemokratischen Partei (USPD) organisierten. Ihr gehörten auch Rosa Luxemburg und die anderen aus der Spartakusgruppe |▸ **S. 88f.**| an.

Am 21. November 1918 sprach Rosa Luxemburg in Neukölln auf einer öffentlichen Versammlung in den Passage-Festsälen über die »Die Aufgaben der Revolution«. In der anschließenden Diskussion ging es auch darum, ob der Spartakusbund nicht eine eigene kommunistische Partei gründen sollte, weil es in der USPD zu viele widersprüchliche Positionen zur Revolution und zu anderen politischen Grundsatzfragen gab. Bis zum Kriegsende hatte ihre Kriegsablehnung die USPD-Anhänger verbunden, nun blockierten ihre Differenzen ein gemeinsames Agieren. Noch glaubte Luxemburg an deren Überwindung. In ihrer Abendausgabe vom 22. November 1918 berichtete die *Freiheit*, die Tageszeitung der USPD:

»In Neukölln sprach vor überfülltem Saal Genossin Luxemburg. Sie warnte vor der vorschnellen Freude über das Erreichte, der schwerste Kampf wäre noch zu schlagen. Kein Vertrauen zur jetzigen Regierung, sondern Misstrauen. Der größte Fehler sei gewesen, dass man alle

OBEN *Lokal in der Neuköllner Passage, wo Rosa Luxemburg am 21. November 1918 als Rednerin auftrat, Foto von 1919.*
RECHTS *In der denkmalgeschützten Neuköllner Passage befindet sich heute unter anderem die Neuköllner Oper.*

Beamten in ihren Ämtern gelassen habe. Dann sprach sie sich besonders gegen die Einberufung der Nationalversammlung aus. Als ein Genosse den Spartakusleuten Inkonsequenz vorwarf, weil sie in der Partei der Unabhängigen seien und sich nicht an der Begründung der kommunistischen Partei beteiligten, wies die Referentin darauf hin, dass sie nur in der Unabhängigen Partei blieben, um die Mehrheit der Partei zu dem Spartakusstandpunkt zu bekehren, was ihnen bald gelingen würde.«

Auf eine Nachfrage aus dem Publikum, ob sie die bolschewistischen Unterdrückungsmaßnahmen gegen das Proletariat in Russland billige, antwortete Luxemburg, dass sie ein solches Vorgehen bei einer Regierungsübernahme in Deutschland nicht gutheißen würde.

Die Neuköllner Passage mit Ball-, Veranstaltungs-, Kino- und Theatersaal, Gaststätte und Kegelbahnen war 1910 fertiggestellt worden. Das mit einem Durchgang versehene H-förmige Gebäude verbindet die Karl-Marx-Straße, damals Bergstraße, mit der Richardstraße. 1985 wurde die Passage unter Denkmalschutz gestellt und saniert. Heute beherbergt sie die Neuköllner Oper und das Passage-Kino. ■

31 Gründung der KPD

Ort: Festsaal des Preußischen Landtags (heute Abgeordnetenhaus von Berlin), Niederkirchnerstr. 5, Berlin-Mitte | U S POTSDAMER PLATZ |

Vom 30. Dezember 1918 bis zum 1. Januar 1919 fand im Festsaal des Peußischen Landtags (heute Sitz des Abgeordnetenhauses von Berlin) der Gründungsparteitag der Kommunistischen Partei Deutschlands (KPD) statt. Die Grundzüge des Programms stammten von Rosa Luxemburg, die auch in die Parteiführung gewählt wurde.

AUDIO 14: »Die proletarische Revolution bedarf für ihre Ziele keines Terrors«

Im Abgeordnetenhaus hatte zwei Wochen zuvor schon der Reichsrätekongress getagt und als oberstes Organ der Revolution die Vergesellschaftung von Schlüsselindustrien sowie die Einberufung einer Nationalversammlung beschlossen. Rosa Luxemburg hatte weder ein Delegiertenmandat erhalten noch war sie als Referentin zu Wirtschaftsfragen zugelassen worden.

Luxemburg war ursprünglich gegen die Gründung der KPD gewesen. Sie wollte trotz aller Meinungsverschiedenheiten in der USPD für ihre politischen Vorstellungen kämpfen |▸ **S. 100f.**|, so wie sie es Jahrzehnte in der SPD getan hatte. Sie hatte diese trotz aller Kritik nicht von sich aus verlassen. Die Kriegsgegner waren ausgeschlossen und damit zur Gründung der USPD gezwungen worden. Der Spartakusbund war für Rosa Luxemburg Netzwerke Gleichgesinnter. Sie wollte keine weitere Aufspaltung der Arbeiterbewegung durch eine dritte Partei mit dem richtigen Programm, aber ohne Massenbasis und schon gar keine Kaderorganisation nach russisch-leninistischem Vorbild. Aber sie wollte auch nicht dem von ihr als »Kommissar für Bolschewismus« titulierten Karl Radek das Feld überlassen, der im Auftrag Lenins für die Gründung einer kommunistischen Partei in Deutschland sorgen sollte.

LINKS *Demonstration aus Anlass des Reichsrätekongresses vor dem Abgeordnetenhaus, Dezember 1918.*

UNTEN *KPD-Versammlung im Festsaal im Abgeordnetenhaus, 1924; hier wurde am 30. Dezember 1918 die Kommunistische Partei Deutschlands gegründet.*

Auf dem Gründungsparteitag der KPD kämpfte sie vergeblich gegen radikale und putschistische Strömungen an, die die Teilnahme an den Wahlen zur Nationalversammlung ablehnten. »Auf der einen Seite sind Sie der revolutionären Reife der Massen so sicher, dass Sie darauf bauen, in 14 Tagen bereits eine sozialistische Regierung hier aufzurichten. [...]. Auf der anderen Seite befürchten Sie für dieselben so reifen Massen die gefährlichen Folgen des Wählens«, hielt sie den Gegnern ihre Widersprüche vor (in: Gesammelte Werke, Bd. 4, S. 482).

Für Luxemburg stand die Revolution in Deutschland noch ganz am Anfang. Statt sich selbst von Wahlkampf und Parlament auszuschließen, sollten diese für die Aufklärung der Massen genutzt werden. Außerhalb und gleichzeitig innerhalb des Parlaments für die Revolution zu kämpfen, darin sah sie keinen unversöhnlichen Gegensatz, ganz im Gegenteil: »Wir wollen innerhalb der Nationalversammlung ein siegreiches Zeichen aufpflanzen, gestützt auf die Aktionen von außen.« (Ebd., S. 483) ■

32 Feindbild »Blutige Rosa« – der Januaraufstand

Ort: ehem. Kaserne der Gardedragoner, Belle-Alliance-Straße, heute Finanzamt Kreuzberg, Mehringdamm 20, Berlin-Kreuzberg (Gedenktafeln im Foyer) | U MEHRINGDAMM |

Anfang Januar 1919 kam es zu Massenprotesten in Berlin. Der preußische Innenminister Eugen Ernst, die rechte Hand von Gustav Noske, hatte am 4. Januar 1919 den von der Revolution ins Amt gebrachten Berliner Polizeipräsidenten Emil Eichhorn (USPD) für abgesetzt erklärt und versucht, das Polizeipräsidium durch Militär besetzen zu lassen. Dagegen demonstrierten Hundertausende, ein Generalstreik wurde ausgerufen und mehrere Gebäude im Zeitungsviertel wurden besetzt, auch die Redaktion des *Vorwärts* in der Lindenstraße |▸ S. 60|, der die Position der Mehrheitssozialdemokratie (MSPD) verbreitete.

In diesen Januarkämpfen – oft fälschlich als »Spartakus-Aufstand« bezeichnet – spielte die wenige Tage zuvor gegründete KPD mit ihren einigen Hundert Mitgliedern in Berlin nur eine marginale Rolle. Rosa Luxemburg hatte deren Mitwirkung von Anfang an missbilligt, weil die breite gesellschaftliche Unterstützung für einen Aufstand fehlte und sie Putschversuche von Minderheiten ablehnte. Eine bessere Welt konnte ihrer Auffassung nach nicht mit Gewalt geschaffen werden. In ihren Artikeln in der *Roten Fahne* forderte sie die Berliner USPD-Führer um Georg Ledebour, die die Massen auf die Straßen geholt hatten, wiederholt auf, ihrer Verantwortung gerecht zu werden. Doch diese Führer, erschrocken darüber, was sie ausgelöst hatten, drückten sich, und der Aufstand wurde der KPD angehängt.

Die MSPD-Regierung unter Friedrich Ebert und Gustav Noske ließ kaiserliches Militär gegen die Aufständischen aufmarschieren. Die Soldaten belagerten das Vorwärts-Gebäude und setzten dabei Artillerie, Maschinengewehre und Flammenwerfer ein. Die Parla-

Ehemalige Kaserne der Gardedragoner – Ort der Ermordung von Aufständischen.

mentäre, die die Besetzer mit weißer Fahne vor die Tür schickten, wurden schwer misshandelt, in die nahe gelegene Dragonerkaserne in der Belle-Alliance-Straße verschleppt. Sieben von ihnen wurden dort bestialisch ermordet. Eine Gedenktafel im Foyer des Gebäudes, in dem sich heute das Finanzamt Kreuzberg befindet, erinnert an dieses Massaker. Als »blutige Rosa« wurde Luxemburg während und nach den Januarunruhen diskreditiert und damit die konterrevolutionäre Stimmung angeheizt. Gezielt wurden Gerüchte gestreut, Rosa Luxemburg habe bei der Besetzung des Vorwärts-Gebäudes ein Maschinengewehr bedient. Mehrere aufständische Frauen wurden für Luxemburg gehalten und hatten Glück, am Leben zu bleiben.

Flintenweib, Revolutionärin, Kommunistin, Bolschewistin, Russin, Jüdin … Die Dämonisierung von Rosa Luxemburg verband zahlreiche Klischees und Vorurteile, sprach breite Bevölkerungskreise an und ebnete ihrer Ermordung den Weg. ■

»Ich war, ich bin, ich werde sein!«

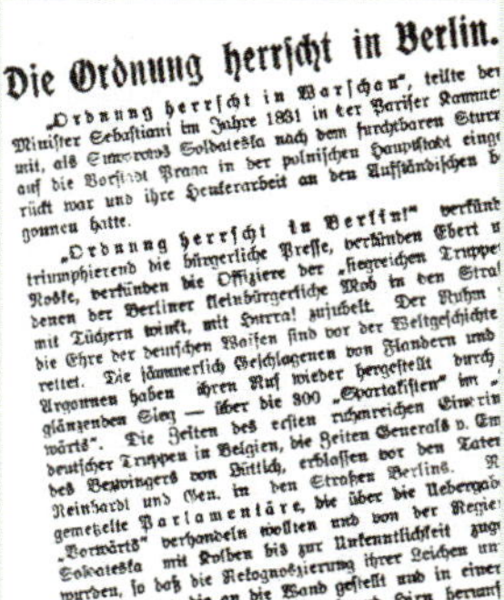

Die Ordnung herrscht in Berlin.

„Ordnung herrscht in Warschau", teilte der Minister Sebastiani im Jahre 1831 in der Pariser Kamme mit, als Suworows Soldateska nach dem furchtbaren Sturr auf die Vorstadt Praga in der polnischen Hauptstadt einge rückt war und ihre Henkerarbeit an den Aufständischen b gonnen hatte.

„Ordnung herrscht in Berlin!" verkünd triumphierend die bürgerliche Presse, verkünden Ebert u Noske, verkünden die Offiziere der „siegreichen Truppe denen der Berliner kleinbürgerliche Mob in den Stra mit Tüchern winkt, mit Hurra! zujubelt. Der Ruhm die Ehre der deutschen Waffen sind vor der Weltgeschichte rettet. Die jämmerlich Geschlagenen von Flandern und Argonnen haben ihren Ruf wieder hergestellt durch glänzenden Sieg — über die 300 „Spartakisten" im „ wärts". Die Zeiten des ersten ruhmreichen Einrin deutscher Truppen in Belgien, die Zeiten Generals v. Em des Bezwingers von Lüttich, erblassen vor den Taten Reinhardt und Gen. in den Straßen Berlins. gemetzelte Parlamentäre, die über die Uebergab „Vorwärts" verhandeln wollten und von der Regie Soldateska mit Kolben bis zur Unkenntlichkeit zug wurden, so daß die Rekognoszierung ihrer Leichen un ist, Gefangene, die an die Wand gestellt und in einer hingemordet werden, daß Schädel und Hirn herum wer denkt da noch angesichts so glorreicher Taten

»›Ordnung herrscht in Berlin!‹ verkündet triumphierend die bürgerliche Presse, verkünden Ebert und Noske, verkünden die Offiziere der ›siegreichen Truppen‹, denen der Berliner kleinbürgerliche Mob in den Straßen mit Tüchern winkt, mit Hurra! zujubelt.

Der Ruhm und die Ehre der deutschen Waffen sind vor der Weltgeschichte gerettet. Die jämmerlich Geschlagenen von Flandern und den Argonnen haben ihren Ruf wiederhergestellt durch den glänzenden Sieg – über die 300 ›Spartakisten‹ im Vorwärts.

Die Zeiten des ersten ruhmreichen Eindringens deutscher Truppen in Belgien, die Zeiten Generals von Emmich, des Bezwingers von Lüttich, erblassen vor den Taten der Reinhardt und Gen. in den Straßen Berlins.

LINKE SEITE *Kaiserliche Truppen beschießen im Auftrag von Reichskriegsminister Gustav Noske (MSPD) das von Aufständischen besetzte Vorwärts-Gebäude, 11. Januar 1919.*

RECHTS *Das von der kaiserlichen Artillerie zerstörte Vorwärts-Gebäude in der Lindenstraße 3 im Januar 1919.*

Niedergemetzelte Parlamentäre, die über die Übergabe des Vorwärts verhandeln wollten und von den Regierungs-Soldaten mit Kolben bis zur Unkenntlichkeit zugerichtet wurden, sodass die Rekognoszierung ihrer Leichen unmöglich ist,

Gefangene, die an die Wand gestellt und in einer Weise hingemordet werden, dass Schädel und Hirn herumspritzen:

Wer denkt da noch angesichts so glorreicher Taten an die schmählichen Niederlagen vor den Franzosen, Engländern und Amerikanern?

›Spartakus‹ heißt der Feind und Berlin der Ort, wo unsere Offiziere zu siegen verstehen.

Noske, der ›Arbeiter‹, heißt der General, der Siege zu organisieren weiß, wo Ludendorff versagt hat. [...]

Ihr stumpfen Schergen!

Eure ›Ordnung‹ ist auf Sand gebaut.

Die Revolution wird sich morgen schon ›rasselnd wieder in die Höhe richten‹ und zu eurem Schrecken mit Posaunenschlag verkünden:

Ich war, ich bin, ich werde sein!«

(aus: Die Ordnung herrscht in Berlin, Rote Fahne, 14.1.1919, in: Gesammelte Werke, Bd. 4, S. 531 u. 536)

33 Letzte Verstecke

Orte: Wohnhaus, Weisestr. 8, Berlin-Neukölln | U BODDINSTRASSE | / Wohnhaus Mannheimer Str. 43 (heute 27), Berlin-Wilmersdorf (Gedenktafel im Boden) | U FEHRBELLINER PLATZ | / Skulptur »Von der dicken Berta zur roten Rosa«, Bundesallee, Mittelstreifen, Höhe Spichernstraße, Berlin-Wilmersdorf | U SPICHERNSTRASSE |

Mit der Parole »Schlagt ihre Führer tot!« begann die Jagd auf Karl Liebknecht und Rosa Luxemburg, nachdem der Aufstand im Januar 1919 blutig niedergeschlagen worden war |▸ **S. 104f.**|. Die beiden mussten untertauchen. Zunächst fanden sie Unterschlupf im heutigen Kreuzberg und dann in Neukölln. Das Versteck soll in der Wohnung von Richard Nowakowski in der Weisestraße 8 gewesen sein, einem Eckhaus mit zwei Ausgängen, auf dem Hinterhof im 4. Stock.

Nowakowski gehörte zu den Revolutionären Obleuten, Gewerkschaftsfunktionären, die sich gegen den Krieg engagierten und in der Revolution in Berlin eine zentrale Rolle spielten. Mathilde Jacob, die Luxemburg im Neuköllner Versteck das letzte Mal traf, erwähnte keinen Mann, sondern eine »Genossin« mit einem »kleinen Töchterlein«. Die Frau befürchtete wegen der vielen Besucher, die zu Besprechungen mit Liebknecht und Luxemburg kamen, die Entdeckung und bat die beiden, sich ein anderes Quartier zu suchen.

Am 14. Januar 1919 flohen Luxemburg und Liebknecht nach Wilmersdorf in die Mannheimer Straße 43 (heute 27) zur Familie Marcusson. Mit Wanda Marcusson, Sozialdemokratin und Mitarbeiterin der sowjetrussischen Botschaft, war Rosa Luxemburg befreundet, Siegfried Marcusson war Anhänger der USPD. Die Bürgerwehr, die zum Schutz vor der Revolution in dem bürgerlichen Wohnviertel patrouillierte, soll Luxemburg und Liebknecht entdeckt haben. Am Abend des 15. Januar 1919 wurden sie im Auto zum Hotel Eden am

OBEN *Versteck von Rosa Luxemburg im Januar 1919: Weisestraße 8 in Neukölln.*

RECHTS OBEN *Soldaten vor dem Haus Mannheimer Straße 43 (heute 27) in Wilmersdorf, Januar 1919.*

RECHTS MITTE *Heute erinnert vor dem Haus eine Gedenktafel an die Verhaftung von Rosa Luxemburg und Karl Liebknecht.*

UNTEN *»Von der dicken Berta zur roten Rosa«, Skulptur von Igael Tumarkin.*

Zoologischen Garten gebracht |▸ S. 110|, wo sich ein Militärkommando unter Befehl von Hauptmann Pabst einquartiert hatte.

Die Fahrt führte über die heutige Bundesallee. Auf dem Mittelstreifen, in Höhe Spichernstraße, wurde 1987 das Denkmal »Von der dicken Berta zur roten Rosa« errichtet. »Dicke Berta« wurde eine Kanone der Firma Krupp genannt. In der Stahlskulptur des israelischen Bildhauers Igael Tumarkin stoppt die Silhouette von Rosa Luxemburgs Kopf das Geschütz. ■

34 Hotel Eden

Ort: Hotel Eden, Kurfürstendamm 246,
heute: Olof-Palme-Platz, Berlin-Tiergarten
(Gedenktafel im Boden vor dem Elefantentor)
| U WITTENBERGPLATZ |

Die Wilmersdorfer Bürgerwehr, die Rosa Luxemburg und Karl Liebknecht verhaftet hatte |▸ S. 108|, brachte die beiden am Abend des 15. Januar 1919 ins Hotel Eden. In diesem Nobelhotel gegenüber dem Aquarium am Zoo residierte das Stabsquartier der Garde-Kavallerie-Schützen-Division unter der Führung von Hauptmann Waldemar Pabst. Ihr oberster Befehlshaber war Reichskriegsminister Noske von der MSPD. Ausgehend von dessen Billigung ermordeten die Militärs Rosa Luxemburg und Karl Liebknecht noch am selben Abend.

Die bürgerliche Presse rechtfertigte die feige Ermordung als legitime Vergeltung: »Blut schrie nach Blut! Das Blutbad, das Liebknecht und Luxemburg angerichtet, verlangte Sühne. Sie ist schnell eingetreten und war bei Rosa Luxemburg grausam, aber gerecht. Man schlug die Galizierin tot. Der Volkszorn, übermächtig und ungeheuerlich geworden, verlangte die Rache.« (*Tägliche Rundschau*, 16. 1. 1919, Abendausgabe)

Erst nachdem die *Rote Fahne*, die Zeitung der KPD, am 12. Februar 1919 Leo Jogiches' Artikel über den Tathergang und die Mörder veröffentlicht hatte, wurde ein Verfahren vor dem Militärgericht eingeleitet. Der Gefreite Otto Wilhelm Runge, der Rosa Luxemburg vor dem Hotel mit seinem Gewehrkolben zusammengeschlagen hatte, wurde wegen »Wachvergehen« zu zweieinhalb Jahren Haft verurteilt. Leutnant Kurt Vogel, der für »Beiseiteschaffung einer Leiche« zwei Jahre Strafe erhielt, wurde anschließend die Flucht aus dem Gefängnis ins Ausland ermöglicht. Alle anderen Beteiligten wurden freigesprochen.

Die Leiche Rosa Luxemburgs wurde erst nach dem Prozess am 31. Mai 1919 entdeckt. Ihre Mörder hatten sie aus dem Auto von der

LINKS Hotel Eden, Sitz des Militärkommandos unter Hauptmann Waldemar Pabst, um 1919.

UNTEN Soldaten feiern den Mord an Luxemburg und Liebknecht im Hotel Eden, 16. Januar 1919.

Lichtensteinbrücke in den Landwehrkanal geworfen |► S. 113|. Um Gewissheit zu erlangen, musste sich Mathilde Jacob zur Identifizierung der Leiche ins Quartier der Mörder im Hotel Eden begeben: »Ich erkannte sogleich die mir gezeigten Gegenstände: ein Paar Handschuhe, die ich besorgt hatte, Fetzen eines Samtkleides, die die Farbe nicht verändert hatten, und ein goldener Anhänger, den man der Leiche unversehrt hatte abnehmen können. Man gab mir noch die Fotografie [von der Leiche], die ich, ohne einen Blick auf sie zu werfen, Paul Levi überbrachte. Es unterläge keinem Zweifel, sagte er beim Betrachten der Bilder, dass es Rosa Luxemburgs Leiche sei.« (Jacob: Rosa Luxemburg, S. 504)

Das Hotel Eden wurde im Zweiten Weltkrieg zerstört. Auch der Straßenverlauf und die Straßenbenennungen haben sich seit 1919 geändert. Das Hotel stand auf dem heutigen Olof-Palme-Platz, mit

Am Olof-Palme-Platz wurde im Jahr 2010 vor dem Elefantentor des Berliner Zoos eine Gedenktafel im Boden eingelassen.

Haupteingang direkt gegenüber vom Aquarium. Bis 1925 ging der Kurfürstendamm bis zum Landwehrkanal und die Adresse des Hotels war Kurfürstendamm 246.

Mit der 68er-Bewegung wurden in West-Berlin Rosa Luxemburg und ihr Werk wiederentdeckt. Die Berliner Falken forderten, unterstützt von zahlreichen linken Organisationen und namhaften Einzelpersonen, ein Denkmal an der Stelle zu errichten, wo Rosa Luxemburg ermordet worden war. Am 15. Januar 1969 wurde am ehemaligen Standort des Hotel Eden ein Grundstein für das Denkmal gelegt. Das Bezirksamt von Tiergarten ließ diesen jedoch noch in der folgenden Nacht wieder abräumen.

Seitdem fanden an diesem Ort immer wieder Gedenkkundgebungen für Rosa Luxemburg und Karl Liebknecht am Jahrestag ihrer Ermordung statt und auch Demonstrationen der Friedensbewegung der 1980er-Jahre. Auf deren Initiative hin erhielt der Platz 1991 den Namen des ermordeten schwedischen Regierungschefs Olof Palme. 2010 wurde im Boden des Platzes eine Gedenktafel zur Erinnerung an die Ermordung von Rosa Luxemburg und Karl Liebknecht eingelassen. ■

35 Mahnmal am Rosa-Luxemburg-Steg

Orte: Mahnmal am Landwehrkanal, Katharina-Heinroth-Ufer 3, Berlin-Tiergarten / Rosa-Luxemburg-Steg / Liebknecht-Gedenkstele am Neuen See

| ALLE: U S ZOOLOGISCHER GARTEN |

Nachdem die Militärs Karl Liebknecht am Neuen See im Tiergarten hinterrücks erschossen hatten, fuhren die Mörder Rosa Luxemburgs mit ihrer Leiche vom nahe gelegenen Hotel Eden auf die Lichtensteinbrücke, auf der damals noch Autos fuhren. Von dort warfen sie den Leichnam in den Landwehrkanal. Er wurde erst Monate später, am 31. Mai 1919, vor der Schleuse an der Unteren Freiarchenbrücke entdeckt.

Die im Zweiten Weltkrieg zerstörte Lichtensteinbrücke wurde mit der Erweiterung des Zoologischen Gartens auf die nördliche Seite des Landwehrkanals Mitte der 1980er-Jahre als Fußgängerbrücke neu errichtet. Die gleichzeitig angelegten neuen Uferwege machten den authentischen Ort nach Jahrzehnten wieder zugänglich.

Rosa-Luxemburg-Mahnmal am Landwehrkanal: Die Rampe symbolisiert, wie sich die Mörder ihrer Leiche entledigten.

Provisorische, nicht mehr vorhandene Gedenktafel für Luxemburg und Liebknecht an der Corneliusbrücke, 1986.

Bis dahin war es die nahe Corneliusbrücke gewesen, wo in West-Berlin seit den 1970er-Jahren immer wieder provisorische Gedenktafeln angebracht worden waren. Nun forderte das von den Berliner Falken, den Jusos und dem Sozialistischen Jugendverband Karl Liebknecht ins Leben gerufene Luxemburg-Liebknecht-Komitee ein Mahnmal an der neuen Brücke. Es gelang ihnen, dafür die Unterstützung des Architektenehepaars Schüler-Witte zu gewinnen, die die neue Brücke entworfen hatten. Sie projektierten das Mahnmal für Rosa Luxemburg, das mit dem Namenszug in Form einer ins Wasser führenden Rampe symbolisiert, wie sich die Mörder ihrer entledigt hatten.

Gegossen wurde das Mahnmal vom VEB Lauchhammer in der DDR, dem einzigen deutschen Betrieb, der eine solche massiv eiserne Form herstellen konnte. Sein an der rechten Seite eingravierter Name dokumentiert das deutsch-deutsche Zusammenwirken beim Gedenken an Rosa Luxemburg im Jahr 1987.

Die neue Brücke nach Rosa Luxemburg zu benennen lehnte die damalige West-Berliner CDU/FDP-Regierung mit der Begründung ab,

OBEN *Rosa-Luxemburg-Mahnmal am Landwehrkanal, im Hintergrund der Rosa-Luxemburg-Steg.*

RECHTS *Gravur des Herstellers des Rosa-Luxemburg-Mahnmals.*

LINKS *Gedenkstele am Neuen See für Karl Liebknecht, der dort ermordet wurde.*

sie sei Kommunistin gewesen. Jahrzehntelang organisierte die Berliner Geschichtswerkstatt im Januar Lesungen aus ihren Werken und Briefen an der Brücke, bis 2012 der öffentlich zugängliche Brückenteil in Rosa-Luxemburg-Steg umbenannt wurde. Die Brückenverbindung für den Zoo heißt weiter nach seinem Begründer Lichtenstein. ■

36 Paul Levi — Streiter für Luxemburg

Ort: Wohnhaus, Lützowufer 37, Berlin-Tiergarten (Neubebauung) | U S ZOOLOGISCHER GARTEN |

Paul Levi und Rosa Luxemburg lernten sich Ende 1913 kennen. Als Luxemburg wegen einer Rede in Frankfurt am Main angeklagt war, in der sie Soldaten dazu aufgerufen hatte, den Schießbefehl zu verweigern |► S. 76|, übernahm der in Frankfurt ansässige Sozialdemokrat ihre Verteidigung. Er konnte nicht nur durchsetzen, dass seine Mandantin statt zu zehn Jahren »nur« zu einem Jahr Gefängnis verurteilt wurde; die beiden nutzten den Gerichtssaal auch für ein politisches Tribunal gegen Kaiserreich, Militär und Imperialismus.

Während der Prozessvorbereitung entwickelte sich zwischen den beiden eine leidenschaftliche Liebesbeziehung, die erst bekannt wurde, als die Familie von Paul Levi 1983 die Briefe Luxemburgs zur Veröffentlichung freigab. »Süßer Herr, Du und die herrliche Nacht zittern mir noch in allen Gliedern«, schrieb Rosa Luxemburg Ende Februar 1914 an Paul Levi. Ab August 1914 verzichtete Luxemburg in den Briefen an Levi auf die Anrede »Liebling«. Der Grund für das Ende der Liaison bleibt offen.

Zusammen kämpften Levi und Luxemburg in der Revolution 1918/19. Er sprach an ihrem Grab. Und nachdem im März 1919 auch Leo Jogiches ermordet worden war, versuchte er als Vorsitzender der KPD, diese zu einer demokratischen Massenpartei im Sinne Luxemburgs zu machen. Im April 1921 wurde er aus der KPD ausgeschlossen, nachdem er Aufstände ohne Massenbasis und ohne Aussicht auf gesellschaftliche Mehrheiten als Putschismus angelehnt hatte.

1922 veröffentlichte Levi Luxemburgs Manuskript zur »Russischen Revolution«. In der DDR erschien dieser Text 1974. Ihre Kritik an den Bolschewiki und deren Beschränkungen der Demokratie hatte sie im Herbst 1918 im Gefängnis nach einem Besuch Levis verfasst

LINKS *Paul Levi (1883–1930), Rechtsanwalt, politischer Mitstreiter und Geliebter von Rosa Luxemburg, Foto undadiert.*

RECHTS *Das Grab von Paul Levi ist eine Ehrengrabstätte des Berliner Senats für den in die SPD zurückgekehrten Reichstagsabgeordneten auf dem Wilmersdorfer Friedhof in Stahnsdorf.*

und diesem geschickt. An den Rand hatte sie geschrieben: »Freiheit nur für die Anhänger der Regierung, nur für Mitglieder einer Partei – mögen sie noch so zahlreich sein – ist keine Freiheit. Freiheit ist immer Freiheit der Andersdenkenden. Nicht wegen des Fanatismus der ›Gerechtigkeit‹, sondern weil all das Belebende, Heilsame und Reinigende der politischen Freiheit an diesem Wesen hängt und seine Wirkung versagt, wenn die ›Freiheit‹ zum Privilegium wird.« (In: Gesammelte Werke, Bd. 4, S. 359, Anm. 3)

AUDIO 15: »Die Russische Revolution«

Als Anwalt ließ Levi nichts unversucht, Luxemburgs Mörder ihrer juristischen Bestrafung zuzuführen. 1929 konnte er in einem aufsehenerregenden Prozess vor dem Berliner Kriminalgericht nachweisen, dass und wie der Kriegsgerichtsrat Paul Jorns als Untersuchungsrichter die Mörder gedeckt und deren Tat vertuscht hatte.

Kurz darauf starb Levi am 9. Februar 1930 bei einem Sturz aus dem Fenster seiner Dachwohnung am Lützowufer 37, unweit der Stelle, wo sich die Mörder am 15. Januar 1919 der Leiche von Rosa Luxemburg entledigt hatten. ■

37 Vom Revolutionsfriedhof zur Gedenkstätte der Sozialisten

Ort: Revolutionsfriedhof und Gedenkstätte der Sozialisten, Zentralfriedhof Friedrichsfelde, Gudrunstr. 20, Berlin-Lichtenberg
| S LICHTENBERG |

Nachdem ihre Leiche am 31. Mai 1919 im Landwehrkanal aufgefunden worden war, wurde Rosa Luxemburg zwei Wochen später auf dem Revolutionsfriedhof in Friedrichsfelde beigesetzt. Als dort am 25. Januar 1919 der zusammen mit ihr ermordete Karl Liebknecht und 30 weitere Opfer des Januaraufstands |▸ **S. 104f.**| beerdigt worden waren, war für Rosa Luxemburg ein leerer Sarg im Begräbniszug mitgeführt worden, der am heutigen Rosa-Luxemburg-Platz gestartet war.

Die Revolutionsopfer vom November und Dezember 1918 hatten ein Ehrenbegräbnis auf dem Friedhof der Märzgefallenen von 1848 bekommen. Den Toten vom Januar 1919 wies der Berliner Magistrat ein Begräbnisfeld ganz am Ende des Zentralfriedhofs Friedrichsfelde zu. »Janz weit draußen« war er als erster kommunaler Friedhof 1882 für die von der Stadt zu bezahlenden Armenbegräbnisse angelegt worden. Vorn am Eingang gab es seit der Beisetzung von Wilhelm Liebknecht, dem Vater von Karl und einem der Mitbegründer der SPD, den Friedhof der Sozialisten für verdiente SPD-Führer. 1907 hatte dort Rosa Luxemburg eine Grabrede für den SPD-Parteisekretär Ignaz Auer |▸ **S. 22f.**| gehalten.

Die Beisetzung von Rosa Luxemburg organisierte ihre Vertraute Mathilde Jacob. Sie hatte die Leiche identifiziert, für deren Freigabe gesorgt und sie selbst vom Militärstützpunkt Zossen mit einem Auto in ein Berliner Leichenschauhaus gebracht. Zehntausende bildeten einen Begräbniszug, der dieses Mal vom Volkspark Friedrichshain ausging. Die Behörden gestatteten nur wenigen die Teilnahme an der Beisetzung auf dem Friedhof und regelten dies über die Ausgabe von Karten.

Begräbniszug in der Frankfurter Straße (heute Allee) anlässlich der Beisetzung von Rosa Luxemburg in Friedrichsfelde am 13. Juni 1919.

1926 ließ die KPD auf dem Revolutionsfriedhof ein monumentales Denkmal nach dem Entwurf des später berühmt gewordenen Architekten Mies van der Rohe errichten. Die Inschrift auf den riesigen Steinquadern stammte aus Rosa Luxemburgs letztem Artikel und beschwor die Revolution: »Ich war, ich bin, ich werde sein«. Die Nazis ließen 1935 das Revolutionsdenkmal zerstören und die Gräber einebnen.

Nach der Befreiung 1945 entstand im Auftrag der SED rechts vom Haupteingang des Friedhofs die Gedenkstätte der Sozialisten. Im Zentrum, unter der Inschrift »Die Toten mahnen uns« auf einem gewaltigen Feldstein, liegen die Gedenkplatten für Rosa Luxemburg und Karl Liebknecht, ergänzt durch zehn weitere für SPD-, KPD- und SED-Funktionäre. In der Ringmauer befinden sich Grabsteine des alten sozialdemokratischen Friedhofs der Sozialisten, Ehrengräber der SED und

LINKS *Einweihung des Denkmals von Mies van der Rohe auf dem Revolutionsfriedhof Friedrichsfelde, 13. Juni 1926.*

MITTE, UNTEN *Revolutionsfriedhof: Gräberfeld und Gedenkstein für Rosa Luxemburg.*

Gedenkstätte der Sozialisten: Unter der Inschrift »Die Toten mahnen uns« auf dem großen Stein liegt die Gedenkplatte für Rosa Luxemburg.

eine große Gedenktafel für politische Opfer der Weimarer Republik und des Faschismus. Weitere SED-Ehrengräber liegen am Pergolenweg hinter der Ringmauer.

Als 1988 Oppositionelle mit Rosa Luxemburgs berühmtem Zitat »Die Freiheit ist immer die Freiheit der Andersdenkenden« auf Transparenten an der jährlichen Großkundgebung der SED am zweiten Sonntag im Januar teilnehmen wollten, wurden sie verhaftet.

Immer noch kommen hier jedes Jahr Zehntausende im Gedenken an die Ermordung von Luxemburg und Liebknecht zusammen. Zum 100. Jahrestag der Novemberrevolution von 1918 wurde 2018 auf dem ehemaligen Revolutionsfriedhof eine Nachbildung des Revolutionsdenkmals installiert und wurden neue Grabplatten verlegt. ■

▸ *Über die Geschichte des Friedhofs informiert eine Ausstellung in der Aufenthaltshalle rechts vom Eingang zur Gedenkstätte der Sozialisten. Konzipiert hat sie der Förderkreis Erinnerungsstätte der Deutschen Arbeiterbewegung Berlin-Friedrichsfelde, der sich auch um den Erhalt der Gedenkstätte kümmert.*

38 Streit um Ehrung und Denkmäler

Orte: Rosa-Luxemburg-Platz und Rosa-Luxemburg-Straße | U ROSA-LUXEMBURG-PLATZ |

Nach der Befreiung vom Faschismus 1945 wurden viele Straßen in Berlin neu benannt. NS-Namen sollten aus dem Straßenbild getilgt und eigene Vorbilder für den Neuanfang geschaffen werden. So erhielt 1947 der Platz vor der Volksbühne und die dortige U-Bahn-Station den Namen Rosa Luxemburgs, auch weil damals die Karl-Liebknecht-Straße dort mündete und die beiden seit ihrer Ermordung immer zusammen genannt wurden.

Liebknecht löste Kaiser Wilhelm als Namensgeber ab, weil er vom Balkon des an der Straße gelegenen Stadtschlosses am 9. November 1918 die sozialistische Republik ausgerufen hatte. Als die Karl-Liebknecht-Straße in den 1960er-Jahren aufgrund der Neubebauung rund um den Alexanderplatz verlegt wurde, erhielt der Teil, der zum Rosa-Luxemburg-Platz führt, 1969 auch ihren Namen.

Nach 1990 versuchte der für U-Bahnhöfe zuständige CDU-Senator, die Station Rosa-Luxemburg-Platz in Schönhauser Tor rückzubenennen, doch die provisorisch überklebten Namensschilder wurde immer wieder abgerissen. Eine Umbenennung von Rosa-Luxemburg-Platz und -straße verhinderte die politische Mehrheit in der Bezirksverordnetenversammlung von Berlin-Mitte.

Der Plan, auf dem Platz auch ein Denkmal für die Namensgeberin zu errichten, wurde zu DDR-Zeiten nie umgesetzt. Mitte der 1990er-Jahre wurde auf einem Parteitag der PDS (heute Die Linke) gefordert, vor dem an dem Platz gelegenen Karl-Liebknecht-Haus, bis 1933 Zentrale der KPD und nach 1990 der PDS, ein Rosa-Luxemburg-Denkmal aufzustellen. Die Bildhauerin Ingeborg Hunzinger, die schon Ende der 1940er-Jahre an einem Rosa-Luxemburg-Denkmal gearbeitet hatte, aber im Zuge der Stalinisierung der SED das Projekt hatte abbrechen müssen, schuf zwei Reliefs für Karl Liebknecht und Mathilde Jacob

LINKS OBEN *Eine der ehemaligen Wandtafeln im U-Bahnhof Rosa-Luxemburg-Platz, 1991. Diese Gedenkzeichen aus der DDR-Zeit wurden um 2000 entfernt.*

LINKS UNTEN *Eingang des U-Bahnhofs Rosa-Luxemburg-Platz.*

RECHTS *Eines der von Hans Haacke entworfenen »Denkzeichen« auf dem Rosa-Luxemburg-Platz.*

und ihr Kollege Rolf Biebl eine Rosa-Luxemburg-Skulptur, die aber aufgrund inner- und außerhalb der PDS geführten Auseinandersetzungen darum, dass eine personalisierte Darstellung nicht mehr zeitgemäß sei, schließlich ihren Platz vor dem damaligen Sitz der Rosa-Luxemburg-Stiftung im ND-Haus am Franz-Mehring-Platz fanden |► **S. 126f.**|. Ein Duplikat der Rosa-Luxemburg-Skulptur von Rolf Biebl steht seit 2008 direkt gegenüber dem Karl-Liebknecht-Haus vor dem Eingang zur linken Tageszeitung *Junge Welt* in der Weydingerstraße.

Auf dem Rosa-Luxemburg-Platz wurde 2006 das von dem Künstler Hans Haacke entworfene »Denkzeichen« für Rosa Luxemburg eingeweiht. Es besteht aus 60 Zitaten aus ihrem Werk und ihren Briefen, die in den Boden eingelassen sind. ■

39 Namenspatronin eines Glühlampenwerks

Ort: ehem. VEB Glühlampenwerk Rosa Luxemburg, heute: BASF-Hochhaus, Warschauer Brücke, Berlin-Friedrichshain | U S WARSCHAUER STRASSE |

Zum 60. Jahrestag der Novemberrevolution wurde die 1912 errichtete Glühlampenfabrik, die seit 1949 zum VEB Narva gehörte, nach Rosa Luxemburg benannt. Warum gerade dieser Betrieb 1978 ihren Namen erhielt, ist nicht überliefert. Er lag an der Warschauer Brücke, die den Namen von Luxemburgs polnischer Heimatstadt trug. Traditionell und auch zu DDR-Zeiten arbeiteten überwiegend Frauen dort. Oder war der Name symbolisch gemeint? Mit Rosa Luxemburg geht einem ein Licht auf!

Rosa Luxemburg wurde in der DDR als politische Kämpferin und Märtyrerin geehrt, doch zugleich stand ihr Werk lange Zeit unter Stalins Verdikt des »Luxemburgismus«. Der sowjetische Diktator hatte ihre theoretischen Schriften für abwegig erklärt. Erst die zum 100. Geburtstag von Rosa Luxemburg 1971 begonnene unzensierte Werkausgabe des Instituts für Marxismus-Leninismus der SED ermöglichte allen, sich selbst eine Meinung zu bilden.

1988 beantwortete eine Arbeiterin aus dem Glühlampenwerk die Frage des West-Berliner Verlags Elefanten Press, was ihr Rosa Luxemburg bedeute, mit den Worten: »Sie steht mir auch deshalb nahe, weil sie ganz bewusst und gern Frau war, Liebe haben wollte, ein Heim und ein Kind. Ich bin auch gern und bewusst Frau. Manche meinen, dass ein sozialistischer Mensch weniger gefühlsbetont ist als andere. Das ist ein ganz verschobenes Bild. Ich glaube zum Beispiel nicht, dass ich so viel arbeiten könnte, wenn ich nicht zum Ausgleich den Garten hätte mit den vielen Blumen, dem Igel, der Ecke für die Schmetterlinge. Brauch ich. Und ›kleinbürgerlich‹ ist sowas überhaupt nicht. Haben wir früher mal befürchtet. […] Bewusst als Frau

LINKS *Glühlampenherstellung war traditionell und auch in der DDR Frauenarbeit. Wurde das Werk deshalb nach Rosa Luxemburg benannt?*

RECHTS *Im BASF-Hochhaus an der Warschauer Brücke in Berlin-Friedrichshain befand sich vor 1990 der VEB Glühlampenwerk Rosa Luxemburg.*

leben heißt auch, bewusst gegen alles streiten, was der Gleichberechtigung im Wege ist. In dieser Beziehung – was Frauenförderung, Qualifizierung, soziale Maßnahmen angeht – wird unser Betrieb seinem Namen gerecht. [...] Zum Beispiel kommen wir nicht schnell genug voran mit unseren Bestrebungen, mehr Frauen als Leiterinnen mit großer Verantwortung zu haben.« (Zit. n. Soden: Zeitmontage, S. 148f.)

Vom VEB Glühlampenwerk Rosa Luxemburg blieb nach 1990 weder der Name noch die Eigentumsform. Auch die Glühlampenproduktion selbst mit mehr als 5000 Beschäftigten wurde eingestellt. Seit 2005 nutzt die BASF das Gebäude, das als erstes Hochhaus Berlins unter Denkmalschutz steht. Der bewegliche Glasaufsatz stammt allerdings aus den 1960er-Jahren. ■

40 Rosa-Luxemburg-Stiftung

Orte: Rosa-Luxemburg-Stiftung, Straße der Pariser Kommune 8A und Franz-Mehring-Platz 1, Berlin-Friedrichshain (Rosa-Luxemburg-Skulptur und Reliefs zu Karl Liebknecht und Mathilde Jacob)
| BEIDE: S OSTBAHNHOF |

Wegen Rosa Luxemburgs demokratisch-linkssozialistischen, antimilitaristischen und internationalistischen Positionen, ihrer Kritik an antidemokratischen Tendenzen und der Verbindung ihres politischen Engagements mit ihrem Streben nach Selbstverwirklichung als Frau entschied im Jahr 1999 der Verein Gesellschaftsanalyse und Politische Bildung e. V. als parteinahe Stiftung der Partei des Demokratischen Sozialismus (PDS), der Nachfolgerin der SED und späteren Partei Die Linke, sich nach Rosa Luxemburg zu benennen.

Zur Begründung hieß es mit einem Zitat von Rosa Luxemburg im Jahresbericht der Stiftung 1999/2000: »Nicht durch Erzeugung einer revolutionären Hurrastimmung, sondern umgekehrt nur durch die Einsicht in den ganzen furchtbaren Ernst, die ganze Kompliziertheit der Aufgaben, aus politischer Reife und geistiger Selbstständigkeit, aus kritischer Urteilsfähigkeit der Massen« könne geschichtliche »Aktionsfähigkeit« geboren werden.

Seit Herbst 2020 hat die Rosa-Luxemburg-Stiftung ein eigenes Gebäude in der Straße der Pariser Kommune 8A. Bisher hatte sie ihren Sitz im sogenannten ND-Haus am Franz-Mehring-Platz, das Anfang der 1970er-Jahre für die zentrale Parteizeitung der SED, das *Neue Deutschland*, errichtet worden war. Damals hatte auch der Platz den Namen des sozialistischen Publizisten Franz Mehring bekommen, eines engen Mitstreiters von Rosa Luxemburg.

Vor dem Eingang des ND-Hauses stand bis zum Umzug der Stiftung eine lebensgroße Skulptur von Rosa Luxemburg, flankiert von zwei Reliefs zu Karl Liebknecht und Mathilde Jacob. Dieses von Rolf

Noch als Ensemble: Rosa-Luxemburg-Skulptur von Rolf Biebl, Reliefs zu Karl Liebknecht (links) und Mathilde Jacob von Ingeborg Hunzinger, 2020. Im ND-Gebäude am Franz-Mehring-Platz in Berlin-Friedrichshain befinden sich heute noch einige Räumlichkeiten der Rosa-Luxemburg-Stiftung.

Biebl und Ingeborg Hunzinger geschaffene Ensemble hatte hier seine Heimat gefunden, nachdem es an dem ursprünglich für sie vorgesehenen Standort vor dem Karl-Liebknecht-Haus, der Parteizentrale der PDS/Die Linke am Rosa-Luxemburg-Platz, heftig umstritten war und nicht dauerhaft aufgestellt werden konnte |▸ **S. 122f.**|. Umgesetzt an das neue Stiftungsgebäude wurde nur die Luxemburg-Skulptur.

Die Rosa-Luxemburg-Stiftung hatte auch ein Zitat von Rosa Luxemburg an der Fassade des ND-Gebäudes anbringen lassen: »Der einzige Weg zur Wiedergeburt ist die Schule des öffentlichen Lebens selbst, uneingeschränkte breiteste Demokratie, öffentliche Meinung.« ■

Rosa Luxemburg,
deren Geburtstag am 5. Mai zum 56. Ma
ihrt (geb. 5. 5. 1871 in Samost Russ. Pole

Anhang

Fundorte

Geburts- und Heiratsurkunde, Zeugnisse, Zeichnungen, Briefe, Notizen für Reden und Artikel von Rosa Luxemburg — all das gibt es zu entdecken im Bundesarchiv in Berlin-Lichterfelde im Bestand Stiftung der Parteien und Massenorganisationen der DDR (SAPMO). Als Nachlass unter der Signatur NY 4002 geführt, lagern dort 83 Akten mit Dokumenten von und über Rosa Luxemburg. Originale sind allerdings kaum dabei. Es sind Kopien aus anderen Archiven, die das Institut für Marxismus-Leninismus der SED seit den 1950er-Jahren gesammelt hat.

Der Originalnachlass von Rosa Luxemburg ist vor allem in drei Archiven zu finden. Im Staatsarchiv in Warschau befinden sich Unterlagen über die Familie, aber auch das von Rosa Luxemburg angelegte Herbarium. Über die KPD, Clara Zetkin und andere kamen private und politische Dokumente nach Moskau, die wie die Liebesbriefe an Kostja Zetkin erst mit der Perestrojka zugänglich wurden. In die USA konnte der Nachlass von Mathilde Jacob mit vielen Rosa-Luxemburg Originalen aus Nazi-Deutschland heraus gerettet werden. Dort ist er am Hoover-Institut der Stanford Universität in Kalifornien einzusehen.

Im Bundesarchiv in Berlin-Lichterfelde gibt es auch in anderen Beständen und Nachlässen Unterlagen zu Rosa Luxemburg, zum Beispiel Fotos und Berichte von Zeitzeuginnen und Zeitzeugen, aber auch die Akten zum Prozess gegen ihre Mörder. Und die Bibliothek des Archivs führt 550 Publikationen von Rosa Luxemburg und mehr als 1000 über sie.

Gedenkblatt zum Geburtstag von Rosa Luxemburg 1927 mit falscher Angabe des Geburtsdatums (korrekt: 5. März 1871).

Lebenslauf

1871	geboren am 5. März in Zamość/Russisch-Polen
1873	Umzug der Familie nach Warschau/Russisch-Polen
1887	Abitur
1889	Aufnahme des Studiums in Zürich
1890	Beginn der Beziehung mit Leo Jogiches
1893	Mitbegründerin der Sozialdemokratie des Königreichs Polen (SDKP)
	Auftritt beim Kongress der Sozialistischen Internationale in Zürich
1894	Redakteurin der *Sprawa Rabotnicza*, Aufenthalte in Paris
1897	Dissertation »Die industrielle Entwicklung Polens«
1898	preußische Staatsbürgerschaft durch Scheinehe mit dem Deutschen Gustav Lübeck
	Umzug nach Berlin
	Eintritt in die SPD
	Wahlkampf für die SPD in Posen und Oberschlesien
	Artikelserie gegen den Revisionismus von Eduard Bernstein, der eine Revolution für überflüssig hielt
	Chefredakteurin der *Sächsischen Arbeiterzeitung* in Dresden
	Delegierte beim SPD-Parteitag, Rede gegen den Revisionismus
1899	»Sozialreform oder Revolution?«
1900	Luxemburgs Lebensgefährte Leo Jogiches zieht zu ihr nach Berlin
	leitende Redakteurin der *Leipziger Volkszeitung*
1903	Scheidung von Gustav Lübeck
1904	Vertreterin der Sozialdemokratie des Königreichs Polen und Litauens im Büro der Sozialistischen Internationale bis 1914
	Haft im Gefängnis Zwickau wegen »Majestätsbeleidigung«
1905	Chefredakteurin des *Vorwärts*

1906	Verhaftung in Warschau während der ersten russischen Revolution
	»Massenstreik, Partei und Gewerkschaften«
	Beginn der Liebesbeziehung zu Kostja Zetkin
1907	Dozentin für Nationalökonomie an der SPD-Parteischule bis 1914
1913	»Die Akkumulation des Kapitals. Ein Beitrag zur ökonomischen Erklärung des Imperialismus«
	Herausgabe der *Sozialdemokratischen Korrespondenz*
1914	Liebesbeziehung zu Paul Levi
	Verurteilung zu einem Jahr Haft wegen einer Antikriegsrede
	Erklärung gegen den Krieg gemeinsam mit Karl Liebknecht, Clara Zetkin, Franz Mehring
1915	Inhaftierung für ein Jahr im Berliner Frauengefängnis
	»Juniusbroschüre: Die Krise der Sozialdemokratie«
1916	1. Januar: Konstituierung der Gruppe Internationale auf der Grundlage eines Positionspapiers von Rosa Luxemburg
	1. Mai: Antikriegskundgebung am Potsdamer Platz
	10. Juli bis November 1918: »Schutzhaft« im Polizeigefängnis Alexanderplatz, im Berliner Frauengefängnis, in der Festung Wronke und im Breslauer Frauengefängnis
	Artikel für die *Spartakusbriefe*
1918	ab 10. November: Chefredakteurin der *Roten Fahne*
	ein Text von ihr bildete die Basis der am 30. Dezember gegründeten Kommunistischen Partei Deutschlands (KPD)
1919	15. Januar: Ermordung durch konterrevolutionäre Reichswehrmitglieder
	31. Mai: Auffindung der Leiche
	9. Juni: Beisetzung auf dem Zentralfriedhof Friedrichsfelde
1922	»Die russische Revolution«, postum herausgegeben von Paul Levi

Literatur

Käte und Hermann Duncker: Ein Tagebuch in Briefen (1894–1953), hrsg. von Heinz Deutschland unter Mitarbeit von Ruth Deutschland, Berlin 2016.

Tilla Durieux: Meine ersten neunzig Jahre, München/Berlin 1971.

Frieda Düwell, in: Karl und Rosa. Erinnerungen. Zum 100. Geburtstag von Karl Liebknecht und Rosa Luxemburg, Berlin 1971, S. 43–50.

Ein Zeichen für Rosa Luxemburg. Deutungsmuster eines politischen Lebens. Diskussionsprozesse 1998–2000. Dokumentation, hrsg. vom Initiativkreis Ein Zeichen für Rosa Luxemburg, Berlin 2000.

Elzbieta Ettinger: Rosa Luxemburg. Ein Leben, Bonn 1990.

Claudia von Gélieu: Barnimstraße 10. Berliner Frauengefängnis 1868–1974, Berlin 2014.

Klaus Gietinger, Eine Leiche im Landwehrkanal. Die Ermordung Rosa Luxemburgs, Hamburg 2009.

Helga Grebing/Siegfried Heimann: Arbeiterbewegung in Berlin. Der historische Reiseführer, Berlin 2012.

Clara Hacker-Törber, in: Karl und Rosa. Erinnerungen. Zum 100. Geburtstag von Karl Liebknecht und Rosa Luxemburg, Berlin 1971, S. 106–115.

Mathilde Jacob: Von Rosa Luxemburg und ihren Freunden in Krieg und Revolution 1914–1919, hrsg. und eingeleitet von Sybille Quack und Rüdiger Zimmermann, in: IWK Internationale wissenschaftliche Korrespondenz zur Geschichte der deutschen Arbeiterbewegung 4/1988, S. 435–515.

Luise Kautsky: Rosa Luxemburg. Ein Gedenkbuch, Berlin 1929.

Annelies Laschitza: Im Lebensrausch, trotz alledem. Rosa Luxemburg. Eine Biografie, Berlin 1996.

Paul Levi: Ohne einen Tropfen Lakaienblut. Schriften, Reden, Briefe, Bd. I/2: Spartakus. An der Spitze der deutschen Kommunisten 1919/20, hrsg. von Jörn Schütrumpf, Berlin 2018.

Ottokar Luban: »Die ›innere Notwendigkeit mithelfen zu dürfen‹.« Zur Rolle Mathilde Jacobs als Assistentin der Spartakusführung bzw. der KPD-Zentrale, in: IWK Internationale wissenschaftliche Korrespondenz zur Geschichte der deutschen Arbeiterbewegung 4/1993, S. 421–470.

Ottokar Luban: Der Spartakusführer Hugo Eberlein und die kurze Räteherrschaft in Berlin-Mariendorf. Notizen über eine unveröffentlichte Rede Eberleins vom 19. November 1918, in: Jahrbuch für Historische Kommunismusforschung, Berlin 2011, S. 311–322.

Luxemburg-Prozess und Soldatenmisshandlung. Rede gehalten am 13. Juli 1914 im Saale des Kaufmännischen Vereins in Frankfurt a.M. von Paul Levi, Frankfurt a.M. 1914.

Rosa Luxemburg: Briefe an Karl und Luise Kautsky (1896–1918), hrsg. von Luise Kautsky, Berlin 1923.

Rosa Luxemburg: Die Liebesbriefe, hrsg. von Jörn Schütrumpf, Berlin 2012.

Rosa Luxemburg: Gesammelte Briefe, Bd. 1–6, Berlin 1982ff.

Rosa Luxemburg: Gesammelte Werke, Bd. 1,1–7,2, Berlin 1970ff.

Rosa Luxemburg: Herbarium, hrsg. von Evelin Wittich, Berlin 2016.

Krysztof Pilawski/Holger Politt (Hrsg.): Rosa Luxemburg: Spurensuche. Dokumente und Zeugnisse einer jüdischen Familie, Hamburg 2020.

Sybille Quack: Geistig frei und niemandes Knecht. Paul Levi – Rosa Luxemburg. Politische Arbeit und persönliche Beziehung, Frankfurt a.M./Berlin 1986.

Günter Regneri: Luise Kautsky. Seele des internationalen Marxismus – Freundin von Rosa Luxemburg, Berlin 2013.

Rainer Sandvoß: Widerstand in Steglitz und Zehlendorf, Berlin 1986.

Jörn Schütrumpf (Hrsg.): Rosa Luxemburg oder: Der Preis der Freiheit, 3., erw. u. erg. Aufl., Berlin 2018.

Kristine von Soden (Hrsg.): Zeitmontage: Rosa Luxemburg, Berlin 1988.

Ursula Strozynski: Orte der Erinnerung. Ein Grafikprojekt über die Lebensstationen von Mathilde Jacob, der Privatsekretärin und Vertrauten Rosa Luxemburgs, Berlin 2000.

Dank

Diese Publikation fußt auf den Recherchen, die ich seit 1990 für meine Stadtführungen zu Rosa Luxemburg betreibe. Die wichtigste Quelle sind ihre zahlreichen Briefe, ihr Werk – Bücher und Artikel – sowie Berichte über ihre Reden und Auftritte in der Presse.
Annelies Laschitza, der Herausgeberin von Luxemburgs Briefen und Werk und Verfasserin einer Luxemburg-Biografie, verdanke ich weitere persönliche Auskünfte.
Ein besonderer Dank gilt auch den Luxemburg-Forschern Ottokar Luban, Jörn Schütrumpf und Holger Politt sowie Hennig Holsten für Hinweise und Material zu Luxemburg und Neukölln.

Berlin, Januar 2021 – Claudia von Gélieu

Personenregister

Kursiv gesetzte Zahlen verweisen auf eine Bildunterschrift.

Quellennachweis für Audiodateien

1 »... und gehe für eine Stunde in den Tiergarten« (Brief an Leo Jogiches, 12.–20.7.1898)
2 »Sozialreform oder Revolution?« (Gesammelte Werke, Bd. 1, S. 369)
3 »Weltpolitik und die Arbeiterklasse« (Vorwärts, 20.6.1901)
4 »... stürzte auf mich ein Radfahrer« (Brief an Kostja Zetkin, 5.1.1911)
5 »Meine klägliche Malerei braucht kein Hund« (Brief an Kostja Zetkin, 22.8.1908)
6 »Massenstreiks sind vielfältig und nicht planbar« (Gesammelte Werke, Bd. 2, S. 102f.)
7 »Herumstrolchen in Südende« (Brief an Hans Diefenbach, 27.3.1917)
8 »Die Proletarierin« (Gesammelte Werke, Bd. 3, S. 410f.)
9 »So hörte ich alle Reden aus nächster Nähe« (Frieda Düwell in: Karl und Rosa. Erinnerungen. Zum 100. Geburtstag von Karl Liebknecht und Rosa Luxemburg, Berlin 1971, S. 44f.)
10 »Das verwerfliche System des Soldatenmissbrauchs« (Vorwärts, 14.5.1914)
11 »... aus den eigenen Irrtümern zu lernen« (Gesammelte Werke, Bd. 4, S. 53)
12 »Die Geheimnisse eines Gefängnishofs« (Gesammelte Werke, Bd. 7/2, S. 1013–1015 u. 1017)
13 »Ein scharfer Wind bläst durch die Lande« (Gesammelte Werke, Bd. 4, S. 209)
14 »Die proletarische Revolution bedarf für ihre Ziele keines Terrors« (Gesammelte Werke, Bd. 4, S. 440–443 u. 449)
15 »Die Russische Revolution« (Gesammelte Werke, Bd. 4, S. 359–362)

Impressum

Alle Zitate und Dokumente in diesem Band sind den Regeln der neuen Rechtschreibung angeglichen.

Gefördert von der Rosa-Luxemburg-Stiftung

1. Auflage 2021

Lektorat: Text-Arbeit/Dr. Stephan Lahrem
Audios: Lydia Heller
Gestaltung: Andreas Homann
Druck: Oktoberdruck, Berlin
Printed in Germany, ISBN 978-3-320-02380-5

Bildnachweis

Archiv Dietz Berlin: S. 23 li., 27 li., 51, 65

Bundesarchiv: Cover (BildY 10-RL2-1105-68), S. 6 (BildY 10-RL2-750-71), 7 (BildY 10-RL4-1209), 11 (BildY 10-RL1-427), 12 (BildY 10-539-20446), 13 (BildY 1-202-948-84), 15 (BildY-RL3-598-89 / R. Scheuermeyer), 17 (BildY-RL3-599-89), 19 (BildY RL1-430), 25 (NY4002-73, Bl. 10), 28 (BildY 10-RL4-1178-68), 29 (BildY 20-439-80), 30 li. (BildY 10-RL4-480), 33 (BildY 10-Rl2-548-75), 35 li. (BildY 10-RL2-1105-68), 43 o. (BildY 10-RL2-957-84), 45 u. (BildY 10-RL2-25646), 48 (BildY 10-RL2-1692-00), 49 (NY4002-73, Bl. 17), 53 li. (BildY 1-166-269-00), 53 re. (BildY 20-6853-79), 55 o. (BildY 10-RL2-651-89), 57 (BildY 10-RL4-176-70), 58 (BildY 10-RL4-2146 / Zander & Labisch), 60 (BildY 1-234-11163), 61 (BildY 10-RL7-329-74 / Klaus Franke), 67 li. (BildY 10-RL2-188-85), 67 re. (NY 4002-23, Bl. 72), 79 u. (BildY-10-RL4-1742-79), 84 (BildY 10-RL5-436), 85 (NY 4002-2, Bl. 32), 86 li.o. (BildY 10-RL7-9420 / Eva Kemlein), 86 li.m. (Bild 183-16596-0005 / Köhler), 89 re. (BildY 20-699-80), 91 o. (BildY 10-KL-5-2250), 91 u. (Bild 183-12843-0001 / Martin Schmidt), 95 u. (Bild 183-H29974), 97 li. (Bild 183-R93630), 97 re. (BildY 20-1474-80), 106 o. (Bild 183-18594-0042), 106 u. (BildY 20-1630-78), 109 re.o. (BildY 10-KL-2-01-18), 111 o. (BildY 10-KL-2-02-18), 111 u. (Bild 183-R66474), 117 li. (BildY 10-670-18500), 119 (Bild 183-21362-0014), 120 o. (183-08783-0009), 125 li. (Bild 183-L0713-0015 / Sigrid Kutscher), 128 (BildY 10-RL2-434)

Andreas Faulstich: S. 43 u., 115 u.li.

Förderverein Clara-Zetkin-Gedenkstätte: S. 30 re., 31

Landesarchiv Berlin: S. 21 (F Rep. 290 [01] Nr. 0268176 / Foto: k. A.), 40 (F Rep. 290 [01] Nr. 0215881 / Foto: k. A.), 41 (F Rep. 290 [04] Nr. 0133958 / Foto: k. A.), 47 (F Rep. 290 [03] Nr. II6604 / Foto: Titzenthaler, Waldemar), 59 (F Rep. 290 [09] Nr. 0040731 / Foto: k. A. / übernommener Bestand), 63 (F Rep. 290 [03] Nr. II7338 / Foto: k. A.), 66 (F Rep. 290 [02] Nr. 0280325 / Foto: k. A.), 69 li. (F Rep. 290 [04] Nr. 0270808 / Foto: k. A.), 77 o. (F Rep. 290 [03] Nr. 0267419 / Foto: k. A.), 79 re. (F Rep. 290 [03] Nr. II576 / Foto: k. A.), 83 (F Rep, F Rep 290 [09] Nr. 0164139 / Foto: k.A.), 86 li. u. (F Rep 290 [09] Nr. 0164151 / Foto: k. A.), 98 o. (F Rep. 290 [02] Nr. II12256 / Foto: Titzenthaler, Waldemar), 98 u. (F Rep. 290 [03] Nr. II6148 / Foto: k. A.), 103 o. (F Rep. 290 [03] Nr. 0136677 / Foto: k. A.), 103 u. (F Rep. 290 [03] Nr. 0322749 / Foto: k. A.), 107 (F Rep. 290 [03] Nr. II8026 / Foto: k. A.), 114 (F Rep 290 [02] 0280019), 123 li. o. (F Rep 290 [02] 0018215_C)

Museum Neukölln: S. 81 o. (E4641 vorne), 101 li. (E4641-3)

Kurt Nemitz: Anna Nemitz. Blätter der Erinnerung, Berlin 1988: S. 93 li.

Privatbesitz/Reproduktion Gedenkstätte Deutscher Widerstand: S. 72

Senatsverwaltung für Stadtentwicklung und Wohnen: Übersichtskarte Umschlagklappen vorne innen (dl-de/by-2-0, Lizenz: www.govdata.de/dl-de/by-2-0, abrufbar unter: https://fbinter.stadt-berlin.de/fb/feed/senstadt/a_uk50farbe

Simplicissimus (1903): S. 8

Vorwärts (1915): S. 75 u.

Wojewódzka Biblioteka Publiczna w Lublinie: S. 9

Alle aktuellen Fotos stammen, sofern nicht anders ausgewiesen, von der Autorin.